AF290735

Unterwegs in Gegenden, die keine Überschriften
zeichnen. Wo Seelen kommen und gehen.
Wie Speichel im Regen.

Geblieben sind Worte.
Gegangen ist Last.

REMDE

Im Moment für immer

Herstellung und Verlag:
BoD – Books on Demand
ISBN 9783848208609
Bibliografische Information der Deutschen National-
bibliothek:
Die Deutsche Nationalbibliothek verzeichnet diese
Publikation in der Deutschen Nationalbibliografie;
detaillierte bibliografische Daten sind im Internet
abrufbar über http://dnb.d-nb.de.

Für Daniel, Philip und Benjamin

TEXTE

Jahreswechsel

Es ist Neujahrstag. Eine seltsam melancholische Grundstimmung herrscht in mir. Gepaart mit einem körperlichen Befinden, das nach Silvesternächten oft im kritischen Wohlfühlbereich siedelt. Ich war in der letzten Nacht mit Menschen zusammen, die ich lieb gewonnen habe und die mir gut gesonnen sind. Das weckte den Schalk in mir, der mich Glas für Glas leeren ließ, nicht um der Völlerei zu frönen, sondern um gut gelaunt in der Gemeinschaft Spaß und Ulk auf ihren Wegen zu folgen. Es war nichts Pompöses an diesem Abend, ein enger Kreis in heimischer Wohnung, allerdings mit einem Buffet, das üppiger nicht hätte ausfallen können. Recht so, denn jeder Tropfen fällt schließlich gern auf eine gute Grundlage aus Delikatessen.

Wenn man mit Menschen umgeben ist, die einem willkommen sind und die dieses herzlichst erwidern, dann ist das Gelingen eines Festes schwerlich noch zu verhindern. Ich habe auch anderes erlebt, in großen Ballsälen, mit Orchester, mit sündhafter Dekoration und mit vergnügungsgieriger Allgemeinheit, die mit zunehmender Dauer immer dringlicher, ordinärer oder hoffnungsloser wurde. Da saßen nach Mitternacht Gestalten weinend auf der Treppe, weil sich ihnen plötzlich im Resümee ihr ganzes Elend auftat. Die Hast nach dem Geld oder dem zweifelhaften Ruhm, einer durch Selbsttötung erkauften Karriere, deren Stufen nur mit verschlossenen Augen nach oben führen, sehenden Auges aber in die Keller der Irrgärten der Leere leiten, aus denen es selten ein Entkommen gibt.

Von derartiger Stimmung war auf meinem Fest nichts zu spüren. Was nicht heißen soll, dass besinnliche Gedanken außen vor waren. Ich erinnere mich an einige Minuten, in denen ich allein auf dem Balkon stand und bei eisigen Temperaturen in die Nacht und über die Häusersilhouetten blickte, mit einem tiefen Gefühl der Zufriedenheit, aber auch einem Hauch Schwermut. Wieder ein Jahr gegangen, in dem so vieles passiert war, was vor Jahresfrist undenkbar schien, und wieder kommt ein neues Jahr, dem wir nicht ansehen, was es beinhaltet, obwohl doch gerade wir es mit Leben füllen. Doch wie gesagt, das waren nur einige Minuten. Der Rest war Lachen und Schlemmen, Singen und Tanzen und einem „Prost“ alsbald ein „Zum Wohle“ folgen lassen.

Das um Mitternacht stattfindende Feuerwerk habe ich schon seit einigen Jahren aus meinem Silvesterprogramm gestrichen. Ich kann es nicht genießen, wenn sich Böller und Raketen in Nichts auflösen, während so viele nach Hilfe schreien und die Stimmen im Getöse unserer Habengesellschaft ungehört verhallen. Mir kommt es wie Hohn vor, dann noch lauter in diesem Moment zu lärmen, um böse Geister zu verscheuchen, die doch schon längst von uns Besitz ergriffen haben.

Anders an diesem Abend. Mich hatte das offene und ehrliche Bitten mitzugehen, die Geborgenheit einer kleiner Runde dazu verleitet, eine ebenfalls Unschlüssige davon zu überzeugen, auch mit in die Kälte zu gehen. Sich dem Wahnsinn des Schwarzpulvers auszuliefern. Kurz gesagt, es war der befürchtete „Krieg der Straßen“. Aber dennoch hatten wir eine Menge heiterer Momente. Und durch mitgenommenen Sekt und Glühwein trotzten wir dem Frost über eine Stunde ab, bevor wir wieder in den warmen Räumen der Gastgeberin waren und weiterfeierten. Gegen vier Uhr verabschiedete ich mich, der Rest des Morgens gehörte der Jugend.

An all das denke an diesem Neujahrstag, auch an das vergangene Jahr, an die Freude und an die schmerzlichen Momente, die mir fast den Atem raubten. An die Abgründe, die sich auftaten und an meine Sprünge, nie wissend, ob es reicht. Und doch springend. Ich bin immer wieder gelandet, mal hart, mal weich, auf den Knien, auf dem Bauch, das Gesicht im staubigen Schmutz, für Minuten, Stunden, manchmal für Tage unfähig, mich zu regen. Aber früher oder später rührte sich der erste Nerv und der kleinste Muskel feuerte alle anderen an. So stand ich auf.

Und ich denke an ein Gefühl, das ich für verloren hielt, es dann scheinbar wiederentdeckte, um festzustellen, solch einen Sinnesreiz noch nie erlebt zu haben. Diesseits mit einem einzigen Wort nicht greifbar, jenseits mit dem Bewusstsein, dass nicht genommen werden kann, was erlebt und gefühlt wurde. Mit diesen Gedanken gehe ich nun zu Bett.

Werde am Morgen aufwachen, mit Frische, Begeisterung, Gegenwind und Hunger.

Bei allen Widrigkeiten, die sich auch in dieses Jahr gerettet haben und auf mich warten, ahne ich: Es wird gelingen!

Sieben Oliven

Sieben Jahre dauerte es, bis der Jungbaum die ersten Früchte trug und die Netze aufgespannt wurden, um die herabfallenden Oliven aufzufangen. Schwarze Ernte im Herbst. Immer wieder bin ich an den Bäumen vorbeigegangen, seit ich sie das erste Mal wahrnahm und den Wuchs der graugrünen Laubblätter sah, die ledern mit ihrer silbern schimmernden Unterseite von Jahr zu Jahr größer wurden.

Wie mein Verlangen, ebenfalls frei wuchern zu können, nur mit Sonne und Mond zu treiben im Finden meiner Bestimmung. Und je stärker der Stamm wurde, desto mehr klang in mir die innere Stimme, die meinen Weg ausrief wie der Lautsprecher einer Station, auf dessen Bahnsteig ich schon zu lange weilte. Aber immer wieder ging ich genügsam und fand nicht die endgültige Willenskraft, nicht genug Entsetzen, leugnete die Vehemenz, mit der mein Geist zu mir sprach, welcher schon längst satt war mit dem Unbefriedigtsein in einer Gemeinschaft, die bestechend und leer war.

Nun ist es gut, jetzt bin ich reif. Und bevor die Bauern mit ihren Netzen kommen, schleiche ich mich zum Baum und pflüge heimlich nächtens sieben Oliven. Gebe sie in ein Tuch, stopfte alles in meine leeren Taschen und renne so schnell ich kann über abgeerntete Felder hin zu deiner Tür. Stehe dort.

Keine Kerze brennt, Stille im Haus. Alles ruht, träumt und findet in wenigen Stunden die Morgendämmerung. Es ist nicht mein, das Lärmen und das Wecken.

Und so lege ich die sieben Oliven aufs Fensterbrett, dass du sie findest, wenn die ersten Sonnenstrahlen deine Augen öffnen.

Die erste Olive ist anmutig,
wie deine Schönheit.
Die zweite Olive ist stark,
wie dein Wille.
Die dritte Olive ist schwach,
wie dein Herz.
Die vierte Olive ist ehrlich,
wie dein Mund.
Die fünfte Olive ist wachsam,
wie dein Ohr.
Die sechste Olive ist hart,
wie dein Urteil.
Die letzte Olive ist reich,
wie deine Seele.

Begleitung

Die Planeten meiner Schmerzen und Lüste umkreist ein Satellit mit erbarmungsloser Regelmäßigkeit. Er lässt als Gezeiten das Wasser meiner Tränen fließen und vergehen.

Wäscht Höhlen in die Dünen gelebter Tage, nimmt Schicht für Schicht von meinem Quarz, entfernt sich aus den Weiten, die Zweifel und Gleichnis in mir einnehmen. Gibt Mut, wo er entweicht und schrumpft doch fast bis zur Unkenntlichkeit. Obgleich, vor dem Horizont, hinter dem alles schwinden könnte, stehe letztendlich ich und treibe jeden Schweif zurück.

Es rast der ungeliebte Stern auf uns zu, gefeuert innerst mit Hass auf Liebe. Durch Hitze droht der Pole Schmelz, zur Mitte sollte alles branden. Im Angesicht solch zügelloser Gewalten will Dunkelheit vor Blendung retten. Im letzten Tropfen der Erträglichkeit entfalten endlich Schild und Flügel sich. Und tragen hin zum Glanz der einmaligen Beschaffenheit,

Verströmen Licht und nähren die Ellipse, auf deren Bahn das Ja und Nein verweilen, bis dass des Pudels Kern ein Urteil spricht.

Vogelfrei

So wie jeder Mensch ein eigener ist, so ist auch jeder Tag neu für jene, die aus dem Dunkel der stumpfen Wiederholungen treten und bereit sind, das Risiko des Freiwerdens auf sich zu nehmen.

Der Vogel im Käfig hat Nahrung sicher, solange der Herr diese in den Käfig stellt, der Gefangene muss wenig tun, trällern und warten. Das Tier in Freiheit sucht den Bedarf und findet mal mehr, mal weniger, aber immer genug, weil es solange spürt, bis es satt ist. Das Geschöpf im Käfig fängt erst an zu wünschen, wenn der Hunger immer größer wird. Wen triffst nun besser, wer atmet eher des Lebens Frische? Natürlich der Vogel in Freiheit! Und doch bauen so viele ihren persönlichen Käfig in dem sie sich gefangen halten, ausharren und lauern, ob alles so kommt, wie sie es erwarten. Sind dann zufrieden, wenn dem so ist, und fühlen sich geborgen in einer Sklaverei, die sie sich selbst als süß schmeckende Sicherheit verkaufen, beständig bis ans Ende ihrer Tage. Doch müssen auch sie eines Tages begreifen, nichts ist sicher, nicht einmal der Tod, so oder so wissen wir über den am wenigsten! Ist er nun wirklich tödlich, oder ist er nichts, oder ist er Geburt, oder ist er ein Aufsteigen, oder ist er ein Abgleiten? Wir kennen ihn nicht, und das macht Angst, aber wir werden alles erleben, und das macht Mut.

Was wir obendrein glauben, hindert ja mehr, als dass
es nützt, das Leben so zu atmen, wie's in jedem Wesen
bestimmt ist. Denn besteht die Kunst des Glücks
wirklich darin, diese Spekulation einfach auszublen-
den, dann steigt die Fähigkeit zum Sein mit dem Su-
chen nach Futter für unseren Geist. Einen Käfig kön-
nen die, die das einmal sehen, nicht mehr sich selbst
anrichten. Nein, diese Wandervögel müssen über den
Gärten der Autonomität und Bedürfnisse kreisen und
die Beete suchen, aus denen sie die förderlichsten
Früchte pflücken. Der Vogel im Käfig kreischt dann
oft neidisch: „Ja, du machst es dir einfach. Pickst im-
mer das Beste aus allem, grad, wie es passt. Aber war-
te, es kommen karge Zeiten und dann wirst du leiden,
dich winden und dir wünschen, hier in meinem Heim
zu wohnen. Hier, wo mein Herr mich aufs Köstlichste
verwöhnt!" Die fliegenden Pilger des Lebens werden
nicht antworten, sie sind sich der dürftigen Tage be-
wusst und bewältigen das Auf und Ab. Sie denken
eher: Es ist so schade, dass du nicht ahnst, was dir
entgeht, denn das bist du. Siehe, entweder dein Herr
versorgt dich bis ans Ende deiner Tage, dann warst du
immer sein, oder er tut es irgendwann nicht mehr,
flugs suchst du einen anderen Gebieter, sollte die Tür
des Gefängnisses noch offen sein. Ansonsten wird
deine Seele verhungern. Der Zwinger gibt es viele,
groß oder beengt, mit goldenen Gitterstäben oder
rostigem Blech, immer versehen mit Schlössern, deren
Schlüssel andere verwalten. Freiheit quellt einzigartig,
wir finden sie nur im Aparten, wie einen Schatz, nach
dem alle trachten.

Die Suchenden fragen sich dann und wann, warum
so viele die Schatzkarte zusammenlegen und wegwer-
fen oder ins Feuer geben. Denn alle haben dieses Soll
am Anfang bekommen, und es liegt an jedem, die

Fahndung zu beginnen. Aber jeder ist seines Berges Pfad. Den Gipfel erklimmen nur die, welche lustwandeln. Im freien Fall stürzen, kurz vor dem Aufprall die Schwingen weit ausbreiten und dem Himmel dann mit offenen Sinnen und Gesängen entgegen schweben ist mein. Das ist es, was ich instinktiv schon als Kind, seit meinem Erkennen vor so vielen Jahren, auslebe. Und wie sehr liebe ich das Spiel, wenn ein anderer freier Vogel für einige Male mit mir synchron die Tiefe sucht, um dann lachend über allem zu tanzen. Und wir beide zeichnen den Himmel mit unseren Bahnen.

Auf dem Rückweg

Lange war ich nicht mehr an der Eltern Grab. So oft vorgenommen und immer wieder verschoben, weil doch vermeintlich Wichtigeres anstand. Oder war es die Furcht vor Gedanken an die eigene Vergänglichkeit? Ich beschäftige mich in vielem, was ich lese oder schreibe, mit der körperlichen Bestimmung und rege mich schwer, mein Haupt vor Asche gewordener Liebe zu senken? Manchmal, wenn's so gar nicht in die Lebens-stimmung passt, ist dem sicher so, dann sind die Momente im Hier und Heute beherrschend und drängen alles, was war in den Hintergrund, ins zweite Glied, wo allerhand geduldig wartet, um sich alsbald nachhaltig in Erinnerung zu bringen.

Einen Tag nach dem vierundneunzigsten Geburtstag meines Vaters, den Letzten hatte er vor dreißig Jahren gefeiert, machte ich mich auf den Weg hin zu einem Friedhof in jener Gegend, in der ich meine Jugend verbrachte und in der meine Eltern ihre Abendröte fanden. Als ich den Friedhof erreichte und durch die mit Zaundraht versehene Tür schritt, dachte ich an die vielen Tage, an denen ich hier Mutter begleitete. Wenn sie es für angemessen hielt, wieder nach dem Rechten zu sehen, zu pflanzen, zu pflegen, zu gedenken. Dann fragte sie kurz an, ob ich mitginge, und ließ keinen Zweifel daran, dass sie alles auch ohne mich erledigen würde. Manches Mal bin ich mit, nicht immer; ein Wort des Vorwurfs habe ich nie gehört. Nun schritt ich also allein den Weg hin zum Grab in dem schon lange Jahre auch ihre Asche ruhte.

So oft hatte sie sich über einen Baum geärgert, der direkt neben der Ruhestätte mächtig ragte, und dessen Wurzeln alles zu saugen vermochten, was ins Erdreich sickerte. Wenige Wochen nach ihrem Tod wurde er gefällt. Mir war er immer Orientierung. Nun suchte mein Blick Stein für Stein ab, bis er fand. Braun glänzend, die Schrift verblichen (in Gold war sie einstmals geschrieben), war da der Marmor.

Der Sommer stand in der höchsten Blüte und auf dem Fleckchen Erde lag alles Laub vergangener Herbste. Die Strauchblüte, als Umrandung gedacht, gedieh prächtig und grenzte stolz und selbstbewusst diesen Ort ab. Und inmitten dieses Raumes Ewigkeit lag ein Stück Schale von einem Vogelei. Ein winzig gefiedertes Wesen hatte scheinbar in der Nähe das Licht der Welt erblickt und tiefer konnte sich bei diesem Anblick mir der Sinn des Seins nicht offenbaren. Was immer ich auch über den sich schließenden Kreis bis dorthin ahnte, da war er für einen Moment offenbar, sichtlich. Ich hielt inne und staunte ob der Bestimmung, die es blitzen ließ, ein Feuerwerk oder ein Gewitter, laut in mir klingend.

Und als der Augenblick vorbei war, reinigte ich die Ruhestätte und goss viel frisches Wasser auf alle Pflanzen, die dort gedeihen wollten und konnten. Ich säuberte den Stein und bezauberte mich an der schwarzen Farbe der Erde, die immer dunkler wurde, je mehr Flüssigkeit tief in sie drang. Als alles getan war, sammelten sich Gedanken an gemeinsam Erlebtes, ich hörte Stimmen aus längst vergangenen Festen, gab mich der Unschuld und der Unverantwortlichkeit hin, die ich seinerzeit empfinden durfte, wohl wissend, dass schützende Hände über mir waren. Um dann den Ort zu verlassen mit der Gewissheit, dass ich ein Überlebender bin, im Jetzt. Auf dem Rück-weg.

Die Bilder verlassener Landschaften ziehen vorbei und wir legen sie in unser Album, das zu Staub wird - wenn wir nicht mehr darin blättern. Es trifft, dass mein Blick aufrecht und vorwärts gerichtet ist. Neugierig. Sehnsüchtig. Bewegt.

Künstler

Wie habe ich sie heute wieder gespürt und letztendlich auch genossen, die künstliche Sortierung der Nichtschaffenden, die sich das Wort „Kunst" auf ihre Fahnen geschrieben haben und nie dem nahe sein werden, was es ausmacht. Welche Strukturen und Prozesse brauchen, Regeln und Wirtschaftlichkeit, Präsentation und natürlich voran die Eitelkeit.

Ihr Drängen verachte ich ebenso, wie meine Angst, zu sterben. Wie kann ein Seelenmensch noch feilschen, trägt er doch auf den Marktplatz der Augenblicke sein Innigstes, und nichts anderes deute ich, definiere ich ein Indikreatividuum. Akzeptieren und sich ergeben in Aufträgen, die zu erledigen sind, vielleicht erst nach dem Besuch südlicher Inseln, auf denen ja manch Prominenter Inspiration und Ruhe fand, stellt sich auf eine Stufe mit der Produktion von Blechen, die zum Schutz vor Wärme bei Kälte hergestellt werden. Es ist nicht mehr eine Frage der Notwendigkeit, denn in der Antwort steht die Sinnlosigkeit eines Unterfangens, das stolz wie ein Beau die grauen Federn seiner Brust in schielernste Farben zu färben sucht und das Scheitern nie begreift als Anfang, sondern immer als Versagen und Vernichtung der eigenen Persönlichkeit. So eilt die Karawane der Kamele durch Exhibitionen und schmeißt, wenn grad das Rot sich ansagt, alles Blaue in eine Tonne, in die der Unwissende durch göttliche Weisheit sein Erbrochenes spuckt und unbewusst somit Wertigkeiten verrückt.

Ich sage das nun ohne Befriedigung, eher mit Trauer und Gleichgültigkeit. Trauer, weil derzeit so viele unter dem Mantel, der das Außenkehren verhüllt, Handel treiben. Und Gleichgültigkeit, weil jedweder Ekel auf diesem Teller mir immer wieder Bestätigung dessen ist:

An aller geschaffenen Kunst ist zuvorderst einer zu entbehren: der Künstler.

Mein Rosenstrauch

Mir scheint der Rosenstrauch vor meinem Fenster leuchtet in diesem Sommer noch glänzender. Mit all der rosa Blütenpracht, der nicht gezählten Stachel, an denen ich manches Mal, kaum tief und seltsam schmerzlos, die Haut mir ritzte. Und wenn dann Tropfen Blut zum Boden fielen, dachte ich: Die Wurzeln meiner Pflanze sind auch genährt durch diesen Lebenssaft, wie sonst nur durch das Wasser, das aus den Wolken entweicht.

Mit jedem Jahr wuchs dieser Stock und immer mehr Blüten streckten sich dem Licht entgegen. So bilden sie nun heute ein Dickicht, in dem manche Biene ein Tagewerk verrichtet, Vögel Schutz suchen oder sich im Herbst an den reifen, tiefroten Hagebutten nähren. Einmal im Juni sind für wenige Tage die Blüten geöffnet, dann fallen die Kelchblätter ab und Jahr für Jahr wiederholt sich dieses Spiel, wie der Farbenwechsel der siebenzähligen Blätter vom frischen Grün im Frühling hin zum fahlen Gelb im Herbst. Als wär's ein Abbild unserer Stimmungen durch alle Epochen, die wir in unserem Treiben erleben. So wir dem dann wirklich Lauschen wollen, und uns nicht mit einem Schnitt von allem verabschieden, was als Mensch gewurzelt den wachsenden Strauch entfalten lässt. Viele trennen sich vom Gestrüpp und stellen das nach ihrem Gutdünken schönste Gewächs in eine Vase, gefüllt mit Nötigstem. Und gehen dann weg vom erdigen Grund und sehen nicht, wie alles welkt und stirbt. Schließlich gibt es sie, die wenigen, schon tausend Lenze alten Hölzer, die immer fester Wurzeln in Tiefen der Natur erstarken lassen und durch diese Stränge mächtige Gewalt in den ursprünglichen Stamm leiten. Welch Schwert kann in diesem Labyrinth noch schneiden?

Mein Rosenstrauch wächst mit mir und in diesem Sommer strahlt über allem eine Blüte, wie ich sie in meinem Garten noch nicht gesehen habe. Es ist die *Rosa moyesii*, die Blut-Rose, die zu mir gefunden hat oder zu der ich gefunden habe, die im Halbdunkel leben kann und die, wie keine andere Rose, dem Winter trotzt.

Ich erfreue mich an der Weile, die wir miteinander verbringen, und verschwende keinen Gedanken an Jahreszeiten, an einen Zyklus, der gibt und nimmt, sondern schärfe meinen Blick fürs Kommen und Gehen, um genießen zu können, ohne mich eines Morgen zu erinnern.

Erschöpfung

Immer wenn ich Erschöpfung spüre, ohne kör-perlich hart gearbeitet zu haben, ohne andauernde Konzentration mir abzuverlangen, sondern einzig mich matt vom Erlebten fühle, dann ist ein weiterer Schritt getan hin zu mir. Wie der Muskel durch Gebrauch wächst, so entsteht mein Ich durch das bewusste Spüren der Gefühle, die mich durchs Leben schleudern. Schwindel weicht der Stärke, Fallen, Aufstehen und mit noch festerem Griff die eigene Hand greifen. Mit den Jahren wird das Inmichsehen, das Michhören immer möglicher, und die Zeit fließt viel schneller, ohne dass ich mich älter fühle.

Tränen können Besitz ergreifen, wie das tägliche Lachen, weder das Eine noch das Andere ist besser oder schlechter. Jeder winzige Schritt hin zu meiner persönlichen Vollkommenheit, die sich nie nach anderen Idealen definieren kann, beinhaltet beides: Freuen und Leiden. Und so gestehe ich mir die zeitweiligen Ohnmachten mittlerweile zu. Die Intensität macht das Glück und die Verzweiflung zum wirklichen Erlebnis. Dem Moment des Fallenlassens, des Loslassens, des Ergriffenseins zu gestatten, sich mit aller Kraft auszubreiten, das ist mir in jungen Jahren unendlich schwerer gefallen, als mich zum Unglück zu bekennen, konnte ich doch die Verantwortlichkeit für letzteres Malheur anderen beiordnen.

Es ist eine Erfahrung: Gutes anzunehmen will gelernt sein. So wie die Akzeptanz für die Nachhaltigkeit beider Zustände steigt, so sinken die Abhängigkeiten, ob gewollt und gesucht oder gezwungen. Einmal den Blick für diese Definition des Lebens geschärft, kann mit innerster Zufriedenheit alles angenommen werden. Es wird gelingen, was ich mir denke, ohne dass ich das Ende kenne oder weiß, wann es fertig ist. Die Kunst, sich Pausen hinzugeben, auch das Nichts als Zeiteinheit zu begreifen, erzeugt den Brennstoff, den ich benötige, um die Drehzahl meines täglichen Motors den Launen meiner Umgebung anzupassen.

Es gibt keinen Grund das Glas meines Lebens mit Menschen zu füllen, die mich nicht akzeptieren, wie ich bin. Die Anpassen verlangen. Um zu geben, was sie vielleicht Liebe nennen. Das langsame, Jahre während Verbiegen des ursprünglichen Stammes wird jeden Baum allen anderen angleichen und einen Wald entstehen lassen, in dem wir uns verirren und verlieren. Es warten so viele Genüsse auf mich und Seelen, die mir nah sind. So viele Geschmäcker kennt meine Zunge nicht, so viele Landschaften haben meine Augen nicht gesehen, und so viele Lieder haben meine Ohren nicht vernommen, wie ich Sehnsüchte spüre.

Damit fülle ich meinen Kelch, mit sogenannten Zufällen, die nichts anderes sind, als die Quintessenz meiner Gefühle, meiner Gedanken und meiner Wünsche. Und endlich mit der Fähigkeit, Liebe zu geben, ohne besitzen zu wollen, Liebe zu empfangen, ohne besessen zu sein.

Sommerzeit

Es war ein Tag im August. Der Sommer hatte beschlossen, all das, was ihn als guten Sommer ausmacht, zu präsentieren. Schon mittags drang Hitze durch die Luft und meine Augen nahmen eine unbefangene Helligkeit wahr, angetrieben von maßloser Sonne und schönstem Himmelblau. Ich blickte durch das große Fenster meines Zimmers auf einen Hof, der doch bei allem Strahlen immer etwas Dunkelheit in sich barg.

Hinaus zog es mich, mehr Drang als Gedanke, mehr Instinkt als Kalkül, und als ich dem Käfig entwich, war mein erstes Gespür eine Art Trägheit der Zeit. Jeder Schritt und jeder Atemzug wog schwerer, und anfangs war ich schier geblendet, unsicher, ob ich dem ausgedachten Wege folgen könne. Kein Hauch, eines noch so kleinen Windes war zu spüren, fast ängstigte es mich, die Sonne würde mir das Haar versengen, doch Licht schoss in jede Pore und wart so intensiv und hell, wie nie zuvor in diesem Jahr, welches für mich, ob Turbulenzen privatester Natur, nicht zu den Besten zählte. Doch Dinge und auch Menschen regeln sich, ich hatte wieder Fuß gefasst und wähnte mich auf dünnem, aber auch vertrautem Boden.

An diesem Tag im August hatte ich einen guten Tropfen im Gepäck, den ich an geziemter Stelle leeren wollte und der mich an die besseren Zeiten erinnern sollte, der sie mich, wenn auch nur bruchteilig, fühlen lassen konnte, ganz ohne Wehmut, mit Freude und Unbefangenheit. So ging ich ein gutes Stück Weg, schaute der Natur beim Müßiggang zu und manchen Menschen bei einer gequälten Geschäftigkeit, die mich zwingen wollte, den Kopf zu wenden und über meine Schultern nach hinten zu blicken. Aber zu hell und hoffnungsvoll war dieser Tag, als dass ich mich zurück in den kühlen Grund wünschte.

Ein Ziel war mir weder bewusst noch gegeben. Doch folgte ich einer Spur, die sich mir zwischen den Augen zeichnete, oder sich als Duft meiner Nase auftat, oder als unwiderstehlicher Klang von meinen Ohren geschluckt wurde. Vergessen war die letzte Nacht, in der ich auf steinernem Boden schlief und mich mit Decken wärmte, welche wieder und wieder weggezogen wurden von einem Geist, der mich nicht nackt, sondern klein sehen wollte.

Nun war davon nichts im Wallen und Schenken, das dieser Tag und Pfad für mich bereithielt. „Licht", schrie es in mir und immer wieder: „Endlich". Nicht alles konnte ich mitnehmen, zu schwer wäre mein Gepäck gewesen und womöglich hätte mich der wertlosen Sachen Last erschlagen; kein Zweifel regte sich in mir: Es reist nur in meinem Zug, was gut mir tut.

Und schließlich tat sich dann auch ein Stück Wiese auf, zwar winzig, doch wie ein eigenes Universum empfing sie mich beim ersten Anblick und blühte auf mit kühlem Wind über brennend heißem Sand und leckte mir die Wunden, augenblicklich, als ich unterging und auf der alten Decke Ruhe fand. Wie gut war es, den Blick nach oben gerichtet, im Grün der Hoffnung liegend, alle wärmenden Strahlen meiner Haut anzutun und einmal mit geschlossenen Augen ohne Geben und Empfangen nur das zu sein, was ich bin. Weder Preis noch Sinn schwirrte um mich, nur flach dort liegend, das Helle unschuldigst wieder erfahren, ließ mich eins sein mit jedem Halm, auf dem ich lag, mit jeder Wolke, die ich sah, mit jedem Tier, dem ich wohl eher Feind denn Freund bin.

„Ach, warum kann es denn nicht immer so und schön auch sein" dachte ich im völlig ausgestreckten

Zustand der Entspanntheit. Weit breitete ich Arme und Beine aus, drückte mein Rückgrat gegen den Boden und strebte mit aller Brust und Gewissheit dem Himmel entgegen. Mit jedem Atemzug kam ich dem Wunschbild näher, erfreute mich am eigenen Lächeln und gab mich hin dem Blau der Illusion. Voll Übermut sprang ich in mich hinein und war dem sicher, konnte zeigen, was allem Grunde nach mich ausmacht, welch Schelm und Kobold in mir wohnt. War wirklich Glück an diesem Tropentag dem Eremitenherz gegönnt? Mit Ungewissheit pochte Schlag auf Schlag mein Wesen, trieb Blut hinweg, von dem was war und hin zum Ausbruch des Vulkans.

Obwohl die Lider geschlossen waren, tat sich doch ein Farbspiel meinem Innern auf. In Gelb, Orange und Rot tanzten die Farben freimütig vor mir, und fasziniert sagte ich mich von allen Spekulationen los, die mir Ursachen in Ahnung bringen wollten. Kümmert es mich, woher das stammt, was mich erfreut? Zu kurz das Sein, zu lang der Weg, der in die Begeisterung führt.

So vergaß ich mich, jeden Ort, die Zeit und eine Welt, der ich beigeordnet war, weil ein Traum anstatt all dessen trat. Dass ich mein Paradies gefunden hatte, war ein letzter Gedanke, an den ich mich erinnern kann, bevor ich einschlief.

Ich habe wohl Monate dort im Gras gelegen und kein Nachgeschmack ist vorhanden von dem, was in jenem Zeitraum geschah. Auch sind mir Personen oder Handlungen einer Illusion heute nicht mehr gegenwärtig, zu tief war die Erholung von der Erschöpfung.

Es war gellender Donner, unheimliche Blitze, im Verbund mit einem mich fast ertränkenden Wasser, das mir die Augen aufbrach und ein nie erwartetes Chaos offenbarte. Die Wiese, das Gras, der tragende Boden hatte sich in einen reißenden Sumpf verwandelt, in dem ich lag und zusehen musste, wie mein Zeug hinweggespült wurde von diesem Unwetter. Ich griff, was noch zu greifen war, klammerte es an meinen Leib und mühte mich zu atmen. Immer wieder drang der Ekel aus gestorbenen Sehnsüchten in meine Lungen und ich meinte zu ersticken, um im letzten Augenblick durch Erbrechen eine Winzigkeit an Sekunden zu gewinnen. So sicher war ich in der Kunst des Schwimmens, oft in allen Lebenslagen praktiziert, doch diesem Klima hatte ich nichts entgegenzusetzen. Für Momente war ich ohne jede Orientierung, verloren, wusste meinen Kopf weder oben noch unten. Und immer wieder suchten meine Hände einen Halt, ein Stück Holz, einen Balken, entstanden aus dem Vertrauen vergangener Tage. Doch es war nichts da. Außer dem Sturm, der mich immer weiter hin zum Dunklen blies, dessen Front mir undurchdringbar erschien und mich zu verschlucken drohte.

Ich weiß nicht mehr wie lange ich diesem Kampf widerstand, woher ich die Kraft nahm und wie es mir gelang, in ruhiges Wasser zu gleiten. Gleichwohl war dem so! Die Wellen erfrischten mehr, als dass sie erschöpften, und ich konnte um mich schauen und das eine oder andere ein-sammeln, das verloren schien. An seichter Stelle ließ ich mich nieder, zwar geschunden, aber vermutlich gerettet. Ein Sortieren der Innen- und Außenwerte beschäftigte mich wie eine Inventur der Gedanken, und die Summe tendierte bei all dem Schrecken ins Plus, das Soll unterlag dem Haben. Der Tag neigte sich hin zum Abend und war so aufregend, wie beinahe tödlich gewesen. Diese unglaubliche Hitze und ein zentrifugaler Umschwung aller Gefahren prägten sich ein. So beschloss ich aufzustehen und heimzugehen.

Eben gedacht, die Beine noch in den Fluten baumelnd, wollte ich mich erheben. Da packte ein fester Griff mein Fußgelenk und zog mich in die Tiefe. Erstaunt nahm ich noch wahr, dass nichts Fremdes zieht. Jedes Licht erlosch, bald war ich kalt und völlig überrascht, es ertränkte mich das Liebste. Bewegungslos sah ich mich sterben, stand fassungslos an meinem Grab und konnte die Tränen, die ich spürte, nicht weinen.

Ewigkeiten später, lebendiger als je zuvor, blick ich auf meinen Stein und lese die Wiedergeburt:

„Für dich, du Wind, auf dem ich flog, war meine Sehnsucht zu gewaltig."

Zwölf

Kein neuer Weg seit einem Jahr, der Kurs ist doch ein anderer. Du hast Deinen Anteil an diesem Wechsel. Warst in vielen Stunden das Glockenspiel im Turm, das wie ein Startzeichen mein Innerstes ans Licht brachte, stiller Zuhörer, überzeugte Opposition. Auch Gegenwind, der mit dem Staub der Vergangenheit Tränen aus meinen Augen trieb, aus Augen, die so lange Jahre leer waren. Manchmal der Rückenwind, der mich schneller werden ließ, als meine Füße laufen konnten. Gefallen bin ich nicht, im Gegenteil, bin höher geflogen, als ich es mir je erträumte. Und höher, als es mir in jenen Momenten lieb war, in denen die Schwerkräfte der Vergangenheit zerrten. Die Kräfte, die nun mit jedem Mond mehr an Masse verlieren und dem Magnetismus der Zukunft weichen.

Ohne den Willen diesen Weg zu gehen, der seit meiner Jugend in mir ist, wäre ich nicht da, wo ich jetzt bin. In Bewegung und der Seele geben, was sie braucht, um mich mit meinen Talenten und Tugenden eins werden zu lassen. Als Suchender habe ich mich vor einiger Zeit definiert und du hast geantwortet, du suchst nicht mehr. Das erschien mir damals unglaublich. Jetzt weiß ich, auch ich muss nicht mehr suchen; einfach gehen, mit sich im Einklang sein wollen, heißt gefunden haben. Neben diesen tiefen Blicken, die meditative, nie in mir vermutete Kräfte ebenso freisetzten wie Zeiten der Unfähigkeit einen Muskel mehr als zum Überleben notwendig zu bewegen, haben mich die Sekunden, in denen ich ein Lachen sah, am glücklichsten gemacht.

Wegbegleiter sein ist etwas sehr Schönes, darf man doch den Weg des anderen ein Stück lang mitgehen, ohne den eigenen zu verlassen. Wie weit? Wie lange? Müßig, darüber Gedanken zu verlieren. Wir spüren oder besser gesagt: Unsere Seele spürt, wann sich die Wege trennen und neue Pfade sich zusammenfinden. Nicht plötzlich geht es in andere Richtungen, sondern allmählich, beharrlich verzweigt die Spur, wie eine Astgabel und genauso nachhaltig finden die Ströme zusammen, treiben die Wolken aufeinander zu, vereinen sich die Spitzen der Flammen des Feuers, in dem wir leben.

Und wenn der Mensch erkennt, dass dies nur aus seinem Ich entstehen kann, er in seiner Einmaligkeit Großes und Unteilbares in einem ist, wenn er DAS ist, wird er endlich still. Ganz still für einen Augenblick. Dann blüht er und sieht die Millionen Landschaften unserer Welt, hört die Musik der Völker, atmet alle Gase dieser Erde, schwebt auf den Lichtern der Sterne und saugt Dunkelheit und Leere, die zwischen den

Galaxien ist und doch nicht ist, in sich auf und wird
zum Kristall, das mit der ewigen Botschaft schwingt:
Es gibt kein Ende; es gab nie einen Anfang!

Notwendigkeit

Ganz entspannt liegt sie auf dem Rücken und blickt,
die Augen geschlossen, zum Himmel. Ein Bild nach
dem anderen öffnet sich und keines ist eine Kopie.
Das Unterscheiden zwischen Wunsch und Sehnsucht,
zwischen Vergangenheit und Erfahrung, zwischen
Alleinsein und Einsamkeit, zwischen Schmerz und
Finden, will, ja muss endlich beginnen, damit sie be-
greifen kann, wie sehr das Geschehene notwendig ist.
Sich lehnen können und in allem frei sein ist die klare
reine Quelle, aus der sie fließt, und die, wie eine Bot-
schaft Flussläufe auf ihr Tun schreibt. So endlos hat es
gedauert, bis sie das erkannte und so wenig Menschen
gibt es, die diese Wahrheit unterschreiben. Manche
kommen und gehen, wenige bleiben, egal, ob fern
oder nah. Zuweilen könnte sie wahnsinnig werden,
wenn das Berühren nicht erkannt wird, als ein Bedürf-
nis dem aller Freiheitsdrang folgt, weil lehnen eben
nicht umklammern heißt. Sich fallen lassen im Ver-
trauen aufgefangen zu werden und selbst zu bestim-
men, wann dieser Geborgenheit genug ist. Bisweilen.
Für ewig ist da nichts. Nun blickt sie noch tiefer in die
eigene Beschaffenheit und verlässt den Tunnel einer
Vergangenheit, die in so vielen Stunden alle Existenz
unerträglich erschienen ließ.

Sie findet die Unheilbaren an einem Ort, der nicht
verabredet wird. Mit aller Notwendigkeit.

Unfähigkeit uns treiben zu lassen und im rechten Moment den Zug zu verlassen, der zurückfährt. Wer, wenn nicht ich, ist schuld, wann immer dieses Wort im Leben erscheint. Wie eine Leuchtschrift über einem leeren Kino, dessen Filme wir in den eigenen Köpfen drehen und sehen. Hören dem Palaver zu, das der Geist unserer Vergangenheit mit dem Kind der Gegenwart führt, um dem Bild der Zukunft abgenutzte Formen zu geben. Mich auf die glatte Fläche eines Scanners legen und in der Vorschau ein Abbild meines Status quo sehen ist Utopie, die Sehnsucht auslösen kann.

Viel zu selten nehmen wir uns diese Momentaufnahmen zur Hand und blicken eine Weile darauf. So übersehen wir oft, was nicht so ist, wie wir es wollten. Im Zug der Findung ist die Phase der Beschleunigung die Spannende, die des Bremsens die Beängstigende!

Wenn der Sommer so riecht, wie in den Kindertagen, ist die Geschwindigkeit mit der wir leben die Richtige. So wie ich mich mit Worten erbrechen kann, wie ein Läufer sich in seinem Marathon findet, wie ein Fisch gegen alle Ströme zu seinem Ursprung springt, so duftet der Flieder im Garten meiner ersten Jahre. Ziemlich heftig, und so soll es sein, das, was ich Leben nenne. Was ohne Sonne nie war, ist und wird.

Es steigen Menschen ein, die nicht handverlesen eingeladen wurden. Eher wirkt das Gegenteil. Arrangements werden getroffen oder Konsequenzen gezogen. Gibt es Irritationen in meinem Selbst, Störungen und Ablenkungen, so mache ich diese fest an den Zugestiegenen. Viel Neues schafft Misstrauen und Hoffnung.

Dann steigt jemand zu, der sofort die Gesamtheit der Gefühle anzieht, wie ein Magnet zerstaubtes Me-

tall. Ja, der sogar in der Lage scheint, die Strecke der
Schienen zu verbiegen und uns eine andere Linie fah-
ren zu lassen. Wie gesagt, es scheint uns so, denn auch
der geht seinen Strecken nach und zieht uns vielleicht
ein Stück weit mit weg von dem, was unser ist. Oder
führt uns wieder zurück zu dem, was unser sein muss,
haben wir den Blick verloren. Beides kann sein, wenn
die Seele Verwandtschaft trifft. Doch in jedem Wag-
gon, in dem ich durch die Dimensionen reise, suche
ich als Erstes einen Fensterplatz, um dann mit offenen
Augen in der an mir vorbeirasenden Landschaft auf
einen imaginären Punkt zu starren, der mich alles ohne
zu sehen wahrnehmen lässt, was ich denken will.
Werd' ich es auch? Perfekt, wer im Treiben das zu
glauben vermag.

Ich bin es nicht. Weil Zweifel nicht radiert sind, wie
Bilder, die in hellem Licht gemalt, bei Dunkelheit
plötzlich ganz anders wirken. Die Fähigkeit im
Schwarz mehr zu blicken als in den alltäglichen Licht-
kästen der uns umgebenden Abläufe ist verloren ge-
gangen wie der tierische Instinkt, der uns vor Urzeiten
half zu überleben, und der nun das Sterben vorzeitig
einläutet. Wieder und wieder sehen wir uns in den
gekauften Erwartungen, und wieder und wieder verlie-
ren wir uns in den verkauften Hoffnungen. Da jedem
Ende ein Anfang folgt, könnten wir damit leben. Alles
Erlebte wird die Folgen bestimmen und Wirkungen
auslösen, die wir gesucht haben.

Nur leben wir das, was wir sind? Oder geben wir uns
den Zufälligkeiten der Umgebung und der Zeit, den
Launen der natürlichen und unnatürlichen Feinde hin?
Haben wir jemals eine Ahnung von unserem Fahr-
plan?

Immer wieder traf ich Menschen, die so klar und
einfach ihr Ziel schon in jungen Jahren vor sich sahen.

Danach strebten, dafür handelten und zufrieden waren. Es steht hier keine Wertung an, sondern nur eine Freude für diese. Denn jeder schafft sich selbst. Warum ich einen Weg wählte, von dem ich immer nur die nächsten drei Schritte sehe, weiß nur das Geheimnis meiner. Allein das Wissen darum hat mich Jahrzehnte des Irrens gekostet und trägt nun leichter durch Sterne, die kommen und gehen. Etwas, das ich mit mir teile und selten mit anderen, die ähnlich wahrnehmend, ihr eigenes Universum schaffen.

Begegne ich aber jemandem, der auch so geht, bleibt in meinem Fluss das Wasser stehen. Und in dem Stillen sehe ich mein Spiegelbild viel klarer als im Fließenden. Nun zusammen ein Stück gehen ist wie eine Krone ohne Zepter. Kein Ziel absteckend, weil hier der Geschmack in all seiner Bedeutsamkeit ohne Mode ausschließlich Lust beinhaltet. An sich, am Anderen, am Leben, an der Liebe.

Der Alltag begeht nun eine Ebene, die wie selbstverständlich neben dem Kanal der Verwandtschaft existiert, getrennt durch eine hauchdünne Membrane, die sich Wandel nennt. Plötzlich verliert vieles an Gewicht, welches noch vor wenigen Ausflügen schwer an mir hing und Neues drängt wie Meteoriten in meine Stratosphäre. Werte und Sichten kehren sich um, in allem Alten tanzt der Reiz des Opportunen, in allem Neuen der Nutzen der Unsicherheit. Und ein Wahn der Spannung, die Geburt und Sterben verbindet, durchschauert mich. Noch zieht ganz vorne der Zug, dem mit lautem Getöse einiges folgt, aber schon leuchtet in immer mehr Fenstern das Licht, das wir brauchen, um abzuspringen. Unabhängig von Geschwindigkeit und Umgebung wagen wir es, wenn Erleuchtung eingeschaltet wird, durch einen Men-

schen, durch einen Schrecken oder auch durch die
wünschende Fügung.

Es wird immer die vielen geben, die das nie erleben
wollen und werden. Der Rest, den manch Dichter als
königlich bezeichnete, wird sich anfangs schier hilflos
den Intervallen ausgeliefert sehen, die mit aller Unre-
gelmäßigkeit und scheinbarer Entsinnung dessen, was
eben noch der Inhalt war, auf das Sein einstürzen; die
ihm alle Kräfte rauben, um eben diese für den Neuan-
fang zu sammeln.

Sich neue Formen geben ist Selbstbefriedigung.
Losgelöst von den Händen der Abhängigkeiten hauen
wir uns das Bild, das wir denken.

Ich starre aus den Fenstern meiner Wahrheiten in
eine Landschaft der kommenden Gräser und ewigen
Steine.

Mit Licht, mit Schatten, mit Sonne.

Ungeheuerlich

Wenn ich wieder einmal auf leeres Papier starre, kahle
Leinwand nicht bemalen kann, oder das Instrument in
meinen Händen so deplatziert erscheint, wie ich in
diesem Moment mit meinem Tun, dann blickt mich da
ein Gegenüber an, das mehr Macht ausübt, als jeder
irdische Richter es je können wird. Mitleid und Unver-
ständnis empfinde ich denen gegenüber, die meinen
mit ihren Sprüchen auch nur geringsten Einfluss auf
mein Wirken haben zu können. Sicherlich verhelfen
sie zu unschönen Gedanken, die mich ablenken von
dem, was es zu Schaffen gilt. Aber auch das ist kurz-
weilig, bisweilen, denn bald streif ich diese Einbildung
ab und der Rest ist eben Langeweile, die quält, täte sie

im Mittelpunkt stehen. Doch will ich mich hier nicht darstellen als Siegfried ohne Blatt! Trifft ein Urteil mich im Tal meiner Stimmungen, kann es zu allem Finsteren auch noch gehörige Portionen aller Ängste, die mir die Normen der mich umgebenden Gesellschaft injizierten, quasi als Bonus obendrauf geben. Das hindert jedoch nicht (auch wenn es für kurze Zeit alle Aufmerksamkeit erfordert), nein, es wird zu späterem Zeitpunkt mich anspornen zu neuen Worten, frischen Farben und erstmaligen Tönen. Es fördert so gesehen mein Werk, und alles in allem sollte ich dankbar sein für das Geregelte, das mich in Ironie bisweilen Verschwenderisches empfinden lässt.

Und grad da ist das Gift versteckt, das tödlich mir mein Handeln aus den Händen nehmen kann. Ergötze und verliere ich mich in oberflächigen Tiraden, die mir die eigene Tiefe beweisen sollen, und die mich in Wahrheit benebeln mit der Süße einer geglaubten Boheme? Nur, wenn ich lass von dieser Art der Kunst, nach innen schau, um dann nach außen zu kehren und keinen größeren Wunsch in mir spür, als zu schaffen, bereit bin, und nichts ist da, wirklich nichts, das es lohnt, in irgendeiner Form festgehalten zu werden, ja dann sehe ich mit jeder Fiktion und Zelle den Namen meines Rivalen: Zweifel! Zwei Falten. Zwiespältig.

Nichts traue ich mir in diesen Augenblicken zu, egal, wie groß die Begeisterung für in der Vergangenheit Geschaffenes war, hier wird mir klar, dass Ekstase nur beschönt und den Moment zur Ewigkeit erklären will. Ich mache Gelingen fest an eben irgendwelchen Normen, ist es das, was mich hindert? Manchmal. Meistens ist es ganz einfach jenes Innehalten, jenes Einsaugen von Sinnen, die durch mein Ich fließen und in anderer Form aus dem Mein treten und die in jedweder Form verkörperlicht werden. Dazu bedarf es Zeit, mal mehr, mal weniger. Mal geht der Stift nur ohne Plan, mal riecht der Stall nach Handwerk. Wäre ich mit all diesem Bewussten zufrieden und könnte ich den Lauf meiner Tage danach womöglich schon für Wochen im Voraus ins Tagebuch eintragen, dann hätte aller Zweifel jedwedes Spiel verloren. Was ist die Summe? Nun, bin meiner mir bewusst und lausche allen Trieben, im Tun so rein, wie's irgendwie nur geht. Sobald es Sättigung verschafft, nähr ich dem Zweifel Blüten. So fülle ich das öde Blatt mit endlos leeren Blicken, versprühe Weiß auf meine Bilder und schlage Töne an, die sich mit meinem Alltag vermischen. Die Skepsis regt und quält sich, da bin ich außen vor.

Dass sie mich spornt, ist ungeheuerlich! Denn während all der Pause geht's Brodeln in mir weiter. Es steigert sich hin zu dem Koitus, der nie in Plänen sich erfassen lässt, und der bedingt ist, folgerichtig als ein fundamentaler Pfad hin zu meinem Abbild. Erbrechen ist die Folge, kein Halten kann nun wirken, weil's Fliehende dem Halt zuträgt. Und während sich (auf einstmals unschuldigem Medium) Struktur als Summe meiner Teile im Jetzt einbrennt, erfülle ich mich in dem Abwenden, spüre das Schwinden der Idee, die Form gefunden hat, blicke auf das gesättigte Blatt und wende um. Starre auf leeres Papier.

Gehen

Bevor die zwölfte Stunde schlug, zog ich mich an und verließ meine Wohnung. Draußen erwartete mich diese nächtliche Wärme, welche ganz besonders duftet. Nicht drückend, ein wenig feucht und doch so unberührt erfrischend. Vor der Tür lauerte eine Straße mit Laternenlicht, und von der nächsten Ecke her erklangen Stimmen der Menschen, die an den Tischen des Restaurants unbekümmert Zeit verbrachten, die Nebel der Nacht nicht zu ihrem Schicksal machten. Ich nahm dies wie ein Geräusch wahr, wie etwas Allgemeines, ohne spezifischen Bezug zu dem, was ich grad erlebte. Jener Duft, der in der Atmosphäre lag, nahm mich gefangen; so tief ich konnte, sog ich die Luft durch meine Nase, um nichts davon zu verpassen. Jeder Zug erschien mir wie eine Verlängerung meines Seins, wie etwas Neues, das mich aber auch an Vergangenes, Kindliches erinnerte. Ich mochte den Gedanken, hier mit jemandem Hand in Hand zu gehen, obwohl mir unklar war, ob der es überhaupt liebt, sich einzuhaken.

Und nun fühlte ich eine Hand auf meinem Arm, ging mit einem Doppelsinn, der mir bedeutete, Straßen sind gleich, Richtungen weniger. Eine Zurückhaltung, die scharfe Klingen ausfuhr, um zu schneiden, ohne wehzutun. Die Steine, auf denen ich umherirrte, waren uneben und jeder Schritt wollte wohl bedacht sein, damit ich nicht fiel. Bei all der Sommerluft gefiel mir das vorsichtige Tun überhaupt nicht, so begann ich zu rennen. Erst verhalten, dann schnell und schneller. Der Rucksack auf meinem Rücken schlug in Intervallen auf mein Kreuz ein, doch jeder Schmerz spornte mich noch mehr an, rastloser zu laufen. Dass ich die Augen geschlossen hielt, daran erinnerte ich mich erst viel später, im Moment des Laufens war da nichts außer meiner Spur. Mich umgab die Atmosphäre des Kommenden wie ein Schutzschirm. Ich lief also, ohne zu fallen, bestimmt nicht elegant, aber immerhin aufrecht. Und solange ich die Beine um meiner selbst willen in die Luft warf, war alles gut. Erst als ich Hand und Messer sah, bereit mein Fleisch zu suchen, war der Lauf doch mehr als nur ein Gang. Schnell ließ ich los und die Klinge zersprang wie Glas auf dem Asphalt in sieben Stücke. Wie konnte ich zählen, in so einem kurzen Augenblick? Ich weiß es nicht mehr, aber es waren sieben. Keuchend trug mein Körper mich vorwärts und was ich zum Atmen benötigte brannte, trocken und rissig. Während mir bewusst wurde, dass ich außer meinem Hecheln nichts mehr hörte, wurden die Glieder schwer. Wie die Kraft schwand, so nahm ein müder Schmerz Besitz von den Muskeln. Immer wuchtiger wurde mein Schritt, jedoch nur kurz, dann blieb ich stehen und hatte Mühe mich auf den Beinen zu halten. Jetzt erst merkte ich, wie sehr mein Herzschlag raste, wie Trommeln in mir pochten. Obwohl kein Spiegel weit und breit, ich sah mir zu. Je mehr die Angst wich, ich könnte dies nicht überstehen, desto mehr begann ich meine Umgebung deutlicher wahrzunehmen. Es war nicht die gewohnte Straße, es war nicht mehr der hell erleuchtete Platz, es war nicht mehr das Alte, Vertraute. Kaum Licht, nicht mehr als vom Himmel fiel, und was ich sah, war anfangs nur in Schemen zu erahnen. Gewöhnt an diese Unsichtbarkeit, erkannte ich direkt vor mir drei Birken. Ich hätte keinen Schritt weiter laufen dürfen, denn dann wäre ich unweigerlich gegen einen der Stämme geprallt. Jetzt war da der wohlige Sommerwind, doch in dieses Abenteuer mischten sich Regentropfen, die mir bedeuteten, dass es an der Zeit war heimzukehren. Und so schaute ich noch einmal aufwärts in den Himmel, nahm jeden Teil, der mir die Augen wusch, wie ein Geschenk an und ging dann heim. Hinter mir begann schon der Sonnenaufgang, ich erriet mehr die Wärme, als dass ich sie fühlte. Erstaunt bemerkte ich die Länge des Rückweges. War ich wirklich solang geeilt? Scheinbar fühlte ich mich doch zu müde, um dem weiter nachzugehen. Endlich erspähte ich meines Flures Tür. Erleichtert schloss ich auf und trat ein, lehnte mich mit einem Seufzer der Erlösung an die Wand und sah in meinen Raum. Alles war ausgeräumt und ich legte mich zufrieden unter die drei Birken.

Eisenblätter

1. Hochkommen

Es war ein Morgen, an dem schwere Steine am Wachwerden hingen. Blöcke, die den ersten Gedanken hindern wollten, Gutes und Rechtes an diesem Tag zu finden. Beim Blick aus dem Fenster fielen Millionen Tropfen auf die Straße. Die Vorstellung sich diesem Feuer aussetzen zu müssen ließ alle Zeit in ihm als ein unerträgliches Laster erklingen. Immer klarer definierten sich die Zwänge, auf die er sich eingelassen hatte und die nun ihren Tribut forderten. Und umso mehr er gestern in einen Traum eintauchte, umso mehr fiel es ihm leicht den heutigen Tag als etwas Entferntes zu betrachten, das keinen Einfluss auf seine momentane Situation nahm. Das, fernab aller Existenz, auch keine Berechtigung hatte Spontanität zu beschränken. So blieb nur die Konsequenz zu tragen und endlich mit dem Jammern aufzuhören. Leicht gesagt, wenn's einem wirklich dreckig geht und jeder Schluck Alkohol der vergangenen Nacht als eine Strafe erscheint, die keiner erzwungen hat.

Sich mit all dem arrangierend betrat sein Körper mehr oder minder willig die Dusche und begann reinzuwaschen. Alles Schlechte der vergangenen Stunden floss hinab in den Abfluss und übrig blieb der unschuldige Kern, der uns lebenslänglich soviel Schmerzen bereitet. So gereinigt trat nun die Nahrungsaufnahme in den Vordergrund und gestaltete sich aufwendig, musste sie doch den Ansprüchen genügen, die er in den letzten Wochen aufgestellt hatte. Waschen, zerkleinern, würzen und platzieren der verschiedensten Gemüsesorten erforderten all seine Konzentration und Aufmerksamkeit. Mit Sicherheit war es das wert, aber grad' heut'?

Nun gut, müßig darüber zu lamentieren und letztendlich freudlos, immer wieder diesen Disput nach zu langen Nächten auszutragen. Gehören Hopfen, Malz und Trauben der Dunkelheit, so leuchten im Morgenlicht Basilikum, Tomaten und Quark den Weg in die nächsten Stunden. Ein Gleichgewicht der natürlichsten Art.

Dann die angenehmste aller Erfrischungen, Tee. Schwarz, stark, heftig. Langsam in seiner Wirkung, andauernd in seinem Wohl. Es kehrte Leben ein. Und Kraft. Und Energie. Und Ziele. Er sah in den Spiegel mit neuer Frische und war mit dem Ergebnis mindestens zufrieden. Zeit drängte in sein Bewusstsein und so schenkte er dem Ziffernblatt immer mehr Aufmerksamkeit. Ebenso der Kleiderwahl. Was schmückt der Mensch sich gern mit Äußerlichkeiten, geht es ihm gut. Und wie sehr vernachlässigt er diese, geht's ihm mal schlecht.

Die Auswahl war nicht besonders groß, seit er die gewohnten Pfade verlassen hatte. Nur das mitgenommen, was sich als Abziehbild der gewitterten Fährte darstellte.

Nicht nachvollziehbar für andere, logisch für ihn. Das in den Jahren Gehäufte auf einen Koffer zu reduzieren, sich in den Dingen sehen, verlieren und finden wollte wieder gelernt werden, wie Instinkte, die der

Mensch in Jahrtausenden verloren hat und die er doch so zum Überleben benötigt, wie die Erkenntnis, dass es nie zu spät ist, allein zu sein.

Nie zu spät selbst zu entscheiden, welcher Schalter Licht und Finsternis trennt. Welche Gespräche wir wollen und wann wir brennen, wie die Sommerhitze, die unerträglich umgibt und der wir nur zu oft in kühlere Gegenden entfliehen.

Im Kopf einen leeren Raum bauen, der unser Zuhause sein soll, der gestern noch mit der staubigen Luft der Geschichte gefüllt war, die wir geschrieben und gedacht haben und deren vergangenen Fortsetzungen wir plötzlich keine weitere hinzufügen, heute einfach nur bloß.

Wenn wir für Momente merken, dass wir so ganz anders gehen als geplant; unsere Schuhe nicht mehr mit uns reden, sondern einfach laufen, wir hecheln hinterher und haben Mühe da zu sein, wo wir vor einigen Tagen noch sein wollten, sind plötzlich an Orten, vor denen wir immer Angst hatten und die sich jetzt als sehr wohnlich herausstellen, dann wandeln wir.

So blickte er nochmals prüfend in den Spiegel im Flur und ließ dann los, schloss die Tür hinter sich und betrat den Fahrstuhl. Schmale Kiste, mit der es nach unten geht, zu klein für zwei und doch nicht exklusiv. Im Erdgeschoss angekommen begegnete er dem Hauswart. Klein, nett, emsig, mit wachen und scheinbar immer forschenden Augen. Während der morgendlichen Sprechstunden, in denen man Waschmarken in seinem Kellerbüro kaufen konnte oder eine Beschädigung des Mobiliars reklamierte, trug er einen Anzug. Ohne Krawatte. Tagsüber dann sah man ihn in einem blauen Monteursoverall durchs Haus flitzen,

Headset auf dem Schädel, immer erreichbar, immer verfügbar. Kleider machen Leute, das regierte ihn. Eisenblätter nickte kurz und trat ins Freie. Abrupt unbeschränkt stand er vor dem Haus. Gegenüber begann eine Kellnerin damit, vor einem Lokal Tische und Stühle aufzubauen. Schnell, gewohnt, gekonnt. Silbern glänzten die Oberflächen der runden Tische und vereinzelt traf ein Sonnenstrahl so auf den künstlichen Überzug, dass er blendete. Für einen Moment verlor Eisenblätter sich beim Anblick der Beine jener Kellnerin, und er wünschte, sie einfach an die Hand zu nehmen und in ihrem oder seinem Bett die Stunden zu verbringen, die ewig wirken. Doch seine Füße begannen zu laufen und suchten die alltäglichen Gassen, die zum Tagewerk führten.

Er wusste wohl der Länge und Langeweile dieses Weges. Und so hatte Eisenblätter Traumweiten entwickelt, die ihn in eine Zeitlosigkeit transportierten. So wich die in kleinste Teile gebrochene Periode den Gedanken geweilter Ewigkeit, und bisweilen kostete es einige Mühe, den Ansprüchen des Verkehrs zu genügen. Manche Fahrradklingel oder Autohupe hatte rechtzeitig vor Zusammenstößen gewarnt und er wünschte sich in den Beziehungen der Menschen gäbe es auch solche Signale. Er ahnte, es gibt sie. Nur floss die Unfähigkeit, diese zu sehen, zu hören oder zu spüren, wie ein Grundmotiv, wie das immer wiederkehrende Hauptthema einer Symphonie, wie dominantes Grau in einem Gemälde, darstellend die Küste der Normandie an einem nebeligen Novembermorgen, als mehlig dumpfes Sekret durch seine Adern. Stopfte, klebte an den Wänden, blockierte mitteilen und verstanden werden, ohne das wir als einsame Stalaktiten vom Himmel unserer Wünsche und Neugier hängen, mit der Dauer eines Lebens austropfend.

Weiter, immer weiter, gehe immer weiter, sagte eine
Stimme. Er hastete.

Der Regen störte Eisenblätter. Er mochte es nicht
mit nasser Kleidung den Dienst anzutreten. Der
Schirm, geschenkt von der Mutter vor vielen, vielen
Jahren, als er seine erste, wie sie es nannte, vernünftige
Arbeit begann, war klein, und nach kurzer Zeit waren
mindestens Schuhe und Hosenbeine feucht. Am liebs-
ten umkehren und in seinem Raum trocken und ge-
schützt durchs Fenster dem Schauer beim Notwendi-
gen zuschauen, hieß eine Versuchung, die für Momen-
te aufblitzte. Aber: Die Erde und damit die Wurzeln
der Pflanzen versorgen, entspricht dem Verwöhnen
der Ohren mit Chopins Melodien. Das war ein Ge-
danke, den Eisenblätter gern dachte, auch an diesem
Morgen.

Nachdem er den Parkplatz eines Supermarktes über-
quert hatte (dies war nun mal der kürzeste Weg), ging
er vorbei oder eher durch eine Gruppe von Berufs-
schülern, die vor ihrem Schulgebäude die Pause nutz-
ten, um entweder Tabak zu rauchen oder persönlicher
und mobiler Kommunikation zu frönen. Sie standen
dort in kleinen Gruppen und jede schien sich mit
unendlich wichtigen Dingen zu beschäftigen. So sein
flüchtiges Vorurteil, getragen vom Neid des Altwer-
dens? Er blickte in wenigen Sekunden in viele junge
Gesichter und das Bild, das sich in ihm zeichnete,
stellte eine Skizze eigener Erinnerungen an alte Freun-
de und Weggefährten dar, ein anderes malte Verlore-
ne, nur für eine kurze Zeit den gleichen Pfad gehende
Menschen, deren Namen später im Dunst der ver-
säumten Möglichkeiten verschwanden.

Nein, es war so wenig Neid und Bewundern, wie es Mitleid war. Er musste da hindurchgehen, ohne berührt zu werden, und er wollte nicht berühren.

Als das Bündel der Zukünftigen hinter ihm lag, wurde sein Gang ruhiger, ohne jedoch an Tempo zu verlieren. So brannte das, was er wahrnahm, als Bewegung des Körpers durch einen Raum, den er erst wirklich erfuhr, wenn dieser auf der Haut Spuren und Gefühle hinterließ. Ansonsten griff nur Leere.

Eisenblätter ging diesen Weg tagtäglich inzwischen. Zusammengefaltet, wie eine zu groß geratene Notiz im Block der Auswärtigkeit, die das Selbst isolierte und in nicht einsehbaren Gebieten ablegte. Hinabblicken, dem Schritt der Füße folgen war einfach. Den Kopf aufrecht halten und Hindernisse sehen war schwieriger. Ein Blick auf die Armbanduhr zeigte an, er war in der Zeit. Was immer das auch hieß. Dass es mehr Zeiträume gab, als er erlebte, war ihm klar. Sich im Spiel verlieren ließ alle Zeit still werden, doch floss diese weiter für die, die nicht Bestandteil des Vergnügens waren und die letztendlich verloren. Er hasste die Unwissenden so sehr, wie er sich den quälenden Abflüssen beugte.

Noch folgte er den Gesetzen, die aufgestellt waren. Von wem fragte er sich wieder und wieder. Wer, wenn nicht ich, kann gültige Gebote für mein Handeln entwerfen? Gibt es diese Übermacht, so weise und gerecht? Kann sie mich diesseits greifen? Mit aller Akzeptanz, der mir gewordenen Persönlichkeit? Oder will sie mich einfach nur brechen und dem Tross hinzufügen, der mit Rasur schlicht trottet?

Der Mensch kann alles wuchern lassen. Am besten die Gedanken! Doch tun grad das die wenigsten. Nein, es wuchern eher dann die Ohr- und Nasenhaare, die sicherstes Zeichen für Weisheit sein sollen und die alsbald nur Jucken und Ekel auslösen.

Eisenblätter spürte ein Gedankengeschwür, das sich seit Kurzem allem bemächtigte. Entstanden aus der winzigen Erinnerung an Kinderwelten, die bei allen Witterungen seines Lebens nie ganz verblichen war, zwar schrumpfte, aber glücklicherweise nur schlummerte und ohne Vorwarnung oder Anzeichen eines Tages eruptierte. Ein Wiedersehen wurde vorbereitet, dessen Realisierung ihn an einen Abgrund führen würde. Entscheidungen warteten, wie die Klippen jener Felsen, die er all die Jahre so geschickt wie dumm umschifft hatte. Und wie alles, was wächst, brauchte auch dieser Tumor Platz, und nahm ihn sich, auf makellos bestellten Plätzen, deren Nerven durch dies vehemente Drängen geengt, verletzt Schmerz signalisierten, der anfangs alle Wahrnehmungen nach außen und innen überdeckte, der, wie ein Unwetter dunkelst über den neu sprießenden Blüten niederging, die ihr Überleben nur den Worten vergangener Dichter verdankten. So akzeptierte er, bei aller Neugier, einen temporären Sturz in den Schrei: Macht, lass los. Und ergötz dich nicht an meinen Windungen, an meinem Sterben. Weil dies nicht nach Erwiderung verlangte, befreite es.

In Gedanken zündete Eisenblätter eine Zigarette an, die erste seitdem er nicht mehr rauchte. Abgewöhnt hatte er sich das Rauchen eine Woche nach der Geburt seines Sohnes in Erwartung eines langen Lebens. Nun, der Kürze der Augenblicke bewusst gierte etwas in ihm nach sinnloser Lust. Doch war jeder Trieb ein Kampf, den er verlieren würde, wartete doch nach jeder Erfüllung die Enttäuschung und das Streben nach mehr. Wie oft hatte er heißest gewünscht, um am Ziel zu erkennen, dass das Verlangen voller Glut und

Sehnsucht ihm Glück gab, während das zuwege bringen als Resultat nur Müdigkeit schenkte. Anders war es beim Enthalten, beim Fasten des Unterbewussten. Das klang wie eine gewonnene Schlacht und füllte jede Faser seines Körpers mit Wärme. So warf er den in Fiktion glimmenden Tabak zu Boden, löschte mit einem Tritt jedes Feuer und ging weiter seinen Weg.

Er überquerte eine Straße, die durch einen breiten Mittelstreifen in zwei Richtungen geteilt wurde. Auf diesem Zentrum war mit stählernen, grauen Trägern eine Hochbahn errichtet worden, auf dessen Gleisen die Untergrundbahn einige Stationen zurücklegte. Übertage bewegte sich ein Gefährt, welches eigentlich im Verborgenen wühlen wollte. Jeden Tag krochen Waggons aus dem Erdreich und schüttelten mit dem Tageslicht die Finsternis, das Eintönige und Gleichmäßige ab. Polternd herrschten sie für kurze Zeit über diese Straße, und immer, wenn Eisenblätter unter der Trasse lief und einen Zug kommen hörte, verlangte es ihn zu rennen. Drauf los und ohne auf die Beschaffenheit der Strecke zu achten. So lange, bis das donnernde Getöse der Achsen immer leiser wurde und der Takt der Schwellen sich im pochenden Herzschlag verlor.

An diesem Morgen kreuzte kein Zug seinen Pfad. Nur der immer stärker werdende Regen stellte sich ihm entgegen und mürrisch registrierte er wieder und wieder, dass der Schirm zu klein war, um genügend Schutz zu bieten. Nässe drang durch Kleidung auf die Haut und wieder hatte er nicht wenig Lust einfach umzukehren und in den heimischen Räumen der trockenen Stagnation zu frönen. Aber das, was anstand, musste heute getan werden, egal, welch Wetter auf ihn einschlug. So zog er weiter seine Bahn durch Pfützen und über nassen Stein, den Schirm gegen Regen und

Wind gestemmt, den Blick auf den Grund gesenkt, immer Gefahr laufend, unvermittelt einem Zwiespalt nicht mehr ausweichen zu können. Aber scheinbar verdrängte die Kraft seines Schrittes alles, was sich in den Weg hätte stellen können.

Es war kein kurzer Lauf, hin zum Bahnhof. Die Hälfte einer Stunde verbrauchte sich schon, bei aller Kurzweil, die auf der Strecke wartete. Zu jeder Tageszeit herrschte geschäftiges Treiben in dieser Gegend. Es wurden kulinarische Genüsse aus den entferntesten Ländern ebenso angeboten, wie einheimische Backwaren oder im Hinterhof entworfene Kleiderkollektionen. Zeitschriften in den verschiedensten Sprachen verkauften sich gleich neben dem Spätkauf, der rund um die Uhr für die Befriedigung der gängigsten Süchte sorgte.

Besondere Aufmerksamkeit schenkte Eisenblätter einem älteren Gemüsehändler, las er doch an dessen Kleidung die Jahreszeit ab. Trug nämlich dieser eine Mütze, regierten Herbst oder Winter, war er barhaupt, glänzten Frühling oder Sommer. Und zu den Tagen des Wechsels war Eisenblätter bei jedem Gang von einer ungeheueren Spannung erfasst. Wann entschied sich der alte Mann für den Übergang? Wann deklarierte er? Kaum auszuhalten, wenn einen selbst die Kälte durchdringt, aber auf dem Kopf des Fremden sich nichts tut. Oder die Sonnenstrahlen als Botschaft interpretiert werden, während immer noch beim Orakel Wolle die Haare schützt. Wenn es dann geschah, und der ungewohnte Anblick ab sofort das Normale war, betrachtete Eisenblätter alles um sich, Menschen, Pflanzen, Tiere, mit besonders tiefen Filtern und stellte fest, der alte Herr war im Einklang mit sich und der Natur. Quasi punktgenau!

Grenzenlos

Im Treiben stört mich nie die Richtung, in die ein Strom mich zieht. Das wilde Auf und Ab ist ebenso willkommen, wie das seichte Gleiten in stillem Wasser. Ob das Leben mir den Kopf nach unten drückt und Luft sehr knapp wird, oder ob ich, wie tot auf dem Fluss liegend, nur den Hauch eines Luftzugs spüre, der wie zufällig den Weg in meine Lungen findet, immer ist da ein Weiterziehen und bei dem einen wie bei dem andern fühle ich mich wohl. Mich in Gedanken zu verlieren, die mir die Stunden zu Sekunden werden lassen, ist wie das Reisen zwischen den Sternen. Und wenn Fahrten mit der Geschwindigkeit des Lichts den Physikern ein Thema sind, das es zu diskutieren gilt, so finden jene Ausflüge ja längst statt. In unserer Fantasie, in unseren Träumen und Sehnsüchten, in Trauer, Freud und Liebe bewegen wir uns ad infinitum mit eben jenem Tempo. Wie kann es schmerzen und verzehren, Schwindel und Übelkeit erzeugen, das Innerste nach außen kehren. Und doch lässt es uns spüren: Ich lebe! Nun haben wir in unserer sogenannten Zivilisation eine Kultur der Begrenzung entwickelt, die ein erträgliches (wie immer man dieses Wort auch deuten mag) Mit- und Gegeneinander billigt. Jede Stunde hat den Wert einer Münze, jeder Mensch seinen Platz in einer Ordnung, jede Freiheit ihre Grenzen. Doch wie kann ich Kreatur sein, wie tief kann ich noch schöpfen, wenn Schranken mir die Richtung weisen, in die mein Stamm zu wachsen hat? Ein Leben lang sind wir damit beschäftigt die Zäune aufzuschneiden, die in jungen Jahren durch uns gezogen wurden. Ersprießlicher ist wuchern. Wie Unkraut, einfach grenzenlos. Dem Alten fremd, dem Morgen schön, steh ich am Rand, muss weitergehn.

Baummenschen

In dem Film „Die Feuerzangenbowle" mit Heinz Rühmann fällt ein Satz, gesprochen im Dialog zweier Lehrer, die über Grundsätzliches in der Erziehung streiten: „Junge Menschen sind wie junge Bäume, man muss sie anbinden, damit sie gerade in den Himmel wachsen."

Mir fällt mein Schulweg in Spandau hin zur Realschule ein. Der nämlich war gesäumt von vielen jungen Bäumchen, die inmitten eines dreieckigen Holzgerüstes, von allen Seiten befestigt, keine Gelegenheiten hatten in eine andere Richtung zu wachsen, als nach dem vom Pflanzer kerzengerade bestimmten Weg. Schon damals war mir die Vorstellung, beraubt jeder Wahl, die Erfüllung in etwas zu finden, das auf Kürzestem zu erreichen ist, instinktiv fremd, nichts ahnend mit meinen fünfzehn, sechszehn Jahren, wohin mich solches Denken führen wird.

Der Stock jedenfalls wurde gehegt und gepflegt, wuchs Sommer für Sommer, und als ich, schon längst der Schule entflogen, wieder den alten Weg ging, war dort eine Parade von Bäumen entstanden, und wenn auch jeder anders war, so schien doch die Allee wohl sortiert und das Laub salutierte den flanierenden Paaren, die sich im Einklang sahen mit arrangierten, geplanten Abläufen.

Manches Mal habe ich Pläne fürs Leben geschmiedet, geträumt oder gewünscht, die direkt ins Glück führen sollten und die zerstaubt wurden von der unfassbaren Vielfältigkeit unserer Mittelpunkte und deren Ideen. Verweht von Stürmen, die urplötzlich am Horizont aufzogen und mit ihrer Vehemenz zeitweise fast alle Lebensenergie raubten.

Dass Jugend sogleich für etwas steht, das die vorangegangene Generation werten darf, ist durch alle Vergangenheiten widerlegt.

Jedwede Möglichkeit vor uns ahnend, sollen wir mit dem Wenigen zufrieden sein, das auf dem kargen Büffet der verbliebenen Träume der Eltern angerichtet ist? Das reicht nicht, um Appetit zu bekommen, aufs Leben und die Welt der eigenen Entscheidungen und dann bedingten Konsequenzen.

Wer an dieser Stelle seines Laufes die Urteile anderen überlässt, der wird stehen bleiben und haften. Mag es manchen gelingen, sich später unter Aufbringung innerster Kräfte und mit großen Schmerzen davon doch noch zu lösen (zu spät ist es nie!), die meisten wandeln sich an diesem Punkt vom Individuum hin zu dem Durchschnittsmenschen, der in Genügsamkeit, geglaubter Sicherheit und Selbstverlorenheit auf seinem Rücken liegt und zufrieden grunzt, wenn jemand, wer auch immer, den beharrlich korpulenter werdenden, satten Bauch tätschelt.

Die Geschöpfe, welche ausfechten, beschließen und besiegeln, welche gerichtet, verurteilt oder geliebt und geachtet werden, machen alles richtig und nun erst recht Fehler. Dies Wort verstehen als ein Tun, das nicht im Einklang mit der Seele ist, weil wir derer nicht ständig bewusst sein können, denn Wahnsinn wäre die Folge. Die angestrebte Vollkommenheit bedingt geradezu Entgleisung und Unverstand, wo wäre sonst ein Fluss, ein Weiterkommen, wenn nicht gequellt aus unseren Irrtümern? Dieses erkennen und annehmen, macht uns weiser und lässt die nächste Stufe entdecken, nicht erklimmen, aber sehen.

An jedem Punkt unseres Werdeganges können wir plötzlich stocken und Schmerzen empfinden, ohne, dass es in der eigenen Macht lag, dies abzuwenden. Zu viele Prozesse durchlaufen das Universum gegenwärtiger Zeit, als dass wir allgegenwärtig die Kontrolle über die uns betreffenden haben. Einfluss haben wir wohl auf Reaktionen, auf das Wachstum, aufs Wuchern in alle Richtungen, nach denen uns dünkt.

Manchmal stieß ich an Zäune und versuchte, diese zu durchdringen. Mittlerweile lass ich's bleiben, wer eingemauert sein will, darf nicht hoffen, dass andere alles einreißen. Mein eigenes Heranbilden war eher durch die immanenten Gitter behindert, weniger durch das Stoßen an fremde Mauern, gefördert durch Tore, die sich auftaten, in eben verzweifelten Gelegenheiten, unverhofft und bisweilen auch unerwünscht, weil direkt wirkend, aber nach dem Durchschreiten erfrischend und erneuernd.

Mittlerweile liegt gelebte Distanz zwischen den spontanen Plänen der Jugend und den erledigten Unklarheiten des Alters. Das Wesen wächst weiter und mit sämtlicher Erfahrung, Erkenntnis, mit jedem Erlebnis, mit allen Enttäuschungen, mit totalem Ende fügen wir dem Stamm weitere Ringe zu, die ihn stärker machen und mächtigsten Stürmen widerstehen lassen. Ungebrochen weilen, ohne angebunden zu sein, mit freiem Willen entscheiden, wohin wir wuchern, ist das eine. Dem Licht entgegenstreben, das andere.

So Ham: Ich bin, der ich bin.

Brennen muss ICH

Was man tut, kann nur falsch sein, wenn man es nicht will. Wenn ich sie ersehne, ist jede Handlung richtig. Für mich. Und mag jedwede Moral oder ein Gesetz mein Tun als verboten darstellen, so muss ich trotzdem meinem Schicksal folgen. Denn das ist die Wahrheit; das, was ich als echt in mir erkenne. Ein Nachbeten der vorgegebenen Realitäten wäre Heuchelei, ein Schließen meines inneren Sehvermögens, das einmal geöffnet, mich sucht und nicht anders kann. Wie immer auch mein Weg aussieht, vielleicht voller Einsamkeiten und Gräuel, unglücklich werde ich erst, wenn ich nicht gehe und beschließe mich abseits niederzulassen, um Glück und Zufriedenheit von Fremden zu kaufen. Doch damit kann ja niemand Handel oder Schenkung treiben, sie sind im Frieden mit mir versteckt. Finde ich, beginnt das Eigentliche. Der eine nennt es Leben, ein weiterer betitelt es als Ruhe, es ist Betriebsamkeit oder auch Müßiggang, oder ...

Jeder ist ein Schuss der Natur und unsereiner bestimmt selbst, wie weit er fliegt, ob er der Schwerkraft entkommt, die vom Besitzen, sei es Ding oder Wesen, auf uns wirkt. Jene, die zurückbleiben auf dem Planeten, sind voller Ausreden, warum sie absteigen vom siebenschwänzigen Drachen, der durch Feuer und Hölle fliegt, warum sie ja viel besser dran sind, als der arme Narr, der voller Tränen und Zweifel schier hilflos seinen Stimmungen unterworfen ist.

Und wissen nicht, dass derjenige sich nach dem Durchqueren der tiefsten Täler wie von selbst auf Berge fallen lässt, die wohlschmeckenden Most der Seele einschenken und einen Rausch bescheren, eine Trunkenheit nach Leben, die süchtig macht. Selbstsüchtig. Wie sehr begreife ich dieses Wort nun, war es mir doch immer als ein Zustand des Bösen vermittelt worden und ist es doch die Triebfeder, der ich den Schwung nicht nehmen darf, will ich mich.

So ist es das einzige Delirium, in dem ich mich nicht verliere, sondern gewinne, das mich nicht deformiert, sondern konstruiert, das mich nicht tötet, sondern mich entstehen lässt. Alles Hadern mit dem, was wer auch immer als Übel empfindet, hat Grund auf Erden. Außerhalb der Systeme, im freien Raum, gibt es kein oben und unten, wahr oder unwahr, Gut und Böse, richtig oder falsch.

Hat jeder Zutritt zu diesem Höllenparadies? Tausendmal JA! Führen alle Schritte dorthin? Millionenfach NEIN! Nur die Taten, die ICH wirklich will, zeugen Strecke. Der Rest ist Trampeln auf der Stelle, bewirkt eine Furche, die mit zunehmender Dauer immer unentrinnbarer wird. Kein Anderer, noch so Liebender, kann uns das Laufen lehren. Wir können zuschauen, wie DER es kann, nur hinterherlaufen bedeutet eine Richtung einzuschlagen, die nicht von uns bestimmt wird. Und so ziehen wir das Stolpern an, bis wir im Staub des Vergangenen sitzen.

Das Verändern weg von einer Form, in die ich in Kindertagen gegossen wurde, sei es auf allen Vieren, aufrecht oder kriechend, benötigt einen Funken, den nur ich zünden kann. Es mag mir einer das Holz reichen, brennen muss ich. Kein Gott, kein Bitten, kein Glauben kann mir helfen, wenn ich vergesse, dass ich suche. Ein Ton, der in einer Milliarden Lichtjahre entfernten Galaxie entsteht, schwingt im selben Augenblick auch in mir; wenn ich es zulasse. Und er verklingt unwiederbringlich, nie gehört, wenn ich mich zu lasse.

Im Falle meiner Lichter sind mir die Regenbögen am liebsten. Wenn stark das Wasser aus den Wolken bricht, erleuchten Farben grell und hell.
Durch Augen brandet Anblick mir. Kein Objektiv fängt mich dann ein. So bin und werde ich, so will ich sein.

Im Wesentlichen nichts Neues

Immer wieder denke ich mich an die Stellen zurück, die mich mit allem Kindlichen umgaben. Die Glück und Unglück so schnell verscheuchen konnten, so tief verschmelzen sollten für all die restlichen Jahre. Es schützte mich der Zaun um meinen Garten, zu dem nur ich Eintritt gewährte, mit aller Laune! Was kümmerte mich die Einsamkeit, wenn in meinem Kopf die Welten explodierten, grad so, wie ich es wollte, wie, wann und wo!

Den Blick nach vorn unendlich weit und unerschöpflich Zeit und gar kein Ende.

Wer hier verliert, hat dann die Schuld, die er anderen gibt. Lässt sich die Schwünge geben, mit denen er in Umlaufbahnen gehoben und geschoben wird, bis er vergessen hat, was er umkreist. Besser wie ein Tiger sein, alle Muskeln angespannt dem Neuen entgegensehend, voller Neugier und überzeugt, die einzig wahre Richtung zu kennen. Was scherte mich der Rat, den ich nun heute selbst anpreise.

Sonderangebote des Schicksals verpackt in mahnende Töne, jetzt so überflüssig überhört wie seinerzeit die müden Phrasen. Am billigsten sind doch die Träume, die so schnell in mir entstehen, dass ich optimistisch ein unerschöpfliches Reservoir vermute.

So schlafe ich gern und habe doch immer wieder
Angst einzuschlafen, meinen Wahnsinn zu verlieren
und abseits der königlichen Wege dem Strom zu fol-
gen, der ohne Klippen in faulend stinkende Tümpel
führt. Gott weiß, es geht hier nicht um die geprüfte
Bonität der Seele. Sind den nicht alle wir ein Teil von
dem, der letztens entscheidet? Wie war's? Genug?
Gerecht? Zu viel vom Hass gegen einen, den ich gar
nicht kenne? Erschrocken über soviel ungehemmte
Übelkeit muss ich den Blick schärfen auf die Ziele, die
all meine Energie fordern und sich mit keinem Mini-
mum begnügen.

Kaum sprießen die Haare, plane ich mir die dunklen
Straßen, die ich nur ungern gehen möchte und denen
wir wie jeder Süchtiger folgen. So weiß ich nicht, was
ich geben möchte von all dem, was ich bekomme.
Und werde nie erfahren, was ich bekam von allem,
was ich gab. Am Ende wird die Summe übereinstim-
men mit dem Unberechenbaren. Und das ist erstaun-
lich, und doch so klar wie der Spiegel in uns, der ohne
Lug und Trug die hauchdünne Membrane der Zeit
zittern lässt.

Ich müsste wohl unendlich Leben haben, um alles
zu ertragen, was auf mich niederregnet aus den Wol-
ken der versäumten Paraden. Egal, wie oft unsere
Wünsche uns an diesen Ort führen, wir sehen mehr
was wir waren und weniger was wir sein werden. Doch
kann ich lang darüber weinen, an meinem Saldo wird's
nichts ändern. Dann schlaf ich doch lieber in meinen
Nebeln der überzogenen Euphorie. Anstelle meiner
kann eben nicht ein anderer Beliebiger sein, die Arro-
ganz gönne ich mir schon in aller Verzweiflung ob der
Zustände. Ich diene so gerne, wie ich benutze. Ich
zweifele so oft, wie ich hoffe. Ich bin so dankbar für
diesen Irrsinn, den ich jedem gönne und nur empfeh-

len kann als Makrokosmos der Zufriedenheit, als Friedhof aller Unsicherheiten, die unser Ich in uns nicht wirken lassen.

Diese Exklusivität, bei Wind und Wetter zu genießen, ist nicht jedermanns Geschäft. Irgendwo liegt immer eine Waffe, die eine Patrone für mich enthält. So muss ich sehen, dass ich zum falschen Zeitpunkt am richtigen Ort bin.

Ich weiß, dass, was ihr jetzt von mir seht, war ich einmal. Kein Flüchtling in die Zukunft, kein Protokollant will ich hier sein. Es drängelt jeder Augenblick so sehr, dass Prioritäten sich gliedern, und gedachte Welten entstehen schneller, als Erschütterungen verschwinden, und fürs Verstehen werd ich verrecken, das eine und das andere Mal. Ob ich Millionen Worte schreibe oder denke, der Punkt bleibt doch der eine: Nur meine Wahrheit zählt in einer Welt, die es für mich nicht gäbe ohne mich.

Und wenn ich Abschied nehme, ist es ein Abschied von einer Zeit, einem Ort, einem Menschen, einer Hoffnung, einem Glauben, dessen Stand ich hinter mir weiß. Jede Nacht beginnt mit einem Traum, der sich im Tageslicht verliert. Wer wo und wann brennt, darf mich nicht berühren, einzig meine Flamme lässt mich leben. Es kümmert manche nicht, wie ich lebe, es sorgen sich nicht viele, wie ich sterbe. Die, die ihre Gedanken leben, haben es nicht einfach, tun sie es doch innigst, ohne den Linien des Mittelmaßes zu folgen und immer bereit, Eigenes zu geben.

Wohin führt mich meine Blindheit, wenn nicht in das Licht, das nur die sehen, deren Schatten die Silhouette ihrer Seele ist. Gefühlte Tendenzen sind gekündigte Verhältnisse, ohne Fristen und versicherten Empfängen. Sowieso! Wann immer es galt Gefühl zu definieren, musste alles Gesprochene schweigen.

Es kommt der Punkt, wo jedes Brechen einer Regel
als vollkommenes Werk eines Verrückten gilt. Warten
wir auf diesen Augenblick, nimmt er schließlich alles.

So werden wir auf Dauer nicht leben können. Der
Anspruch besitzen zu wollen regiert unser Handeln
und besitzt somit uns! Warum ist es so schwer sich
von diesem Haben zu trennen, wenn doch alle Aus-
wege verschlossen sind und wir nur noch arglose
Lügen als Antwort auf unsere Fragen bekommen? Die
Tage, die wir für ewig in uns tragen, fallen erst auf,
wenn sie vergangen sind. Manchmal merken wir bei
allem Unvermögen, dass uns erzogen wurde, den
Wahnwitz in höchster Priorität. Weil er hinweg führt
von dem Schmerz des Alltags, der scheinbar keine
Wahl mehr lässt. Doch hören wir den Ruf der Seele,
einfach zu sein, ist es um uns geschehen und eine
Umkehr nie mehr möglich. Dann kann man zwar
stehen bleiben und Wurzeln schlagen, doch werden
die den Strom des Seins nicht erreichen, und das
einstmals voller Blut Gepflanzte verdörrt.

Es gibt nichts Besseres für den Menschen, als sich
tödlich zu verlieren in den Welten eigener Energien,
die den inneren Kosmos immer und immer und im-
mer wieder neu entdecken.

VERSUS

Anfang

Das Blau unserer Wolken
Ist kein neues Wetter,
Keine weitere Episode.

Wir wissen,
Dass der Tausch
Gesuchtes nicht ersetzt.

Stirn an Stirn,
Fernab aller Welten
In Tiefen tauchen.

Jeder Traum
Findet Erwachen,
Gibt Kraft fürs Werk.

Er führt am Ende zu jenem Tor,
An dem der Weg begann,
Der ohne Ziel immer neu entsteht.

Rendezvous

Bilder geschaut, Träumen ergeben.
In Tagen ohne dich, so kahl.
Um wieder glücklich zu erleben:
Nichts ist doch so, wie's Original.

Gelber Enzian

Am Fuß der Berge stand ich nun,
Und sah den gelben Enzian,
Hoch oben auf den Gipfeln ruh'n.
Die Stiefel griffen fest in Stein.
Mit Hand und Seile im Verbund,
Stieg höher ich, das Tal ward' klein.
Last lag auf meinem Rücken,
Schweiß nässte dicksten Stoff,
Doch ich war voller Freud aufs Pflücken.
Der Mittag kam mit hellem Sengen,
Kein Windhauch kühlte mir die Brust.
Nichts konnte mich von dieser Wand verdrängen.
So, wie das Licht mir Kraft und Willen gab,
So sehr vergaß ich meine Hülle,
Den Rückweg, das bergab.
Mit aller Dringlichkeit in mir,
Gebündelt auf den einen Streich,
Verließ ich Geist und wurde Tier.
Plötzlich Triumph und dann das nicht ertragen,
Dem Erdreich Wurzeln zu entreißen.
Ließ Blume weiter blühen und ward von mir erschla-
gen.
Da lag ich auf dem Dach der Welt.
Kein Muskel war dem Abstieg mehr gewachsen.
Der Himmel schien mir leer und hieß doch Zelt.
Ich weiß, die Nelken gehen gut am Herd,
Sortiert und rein, in warmer Luft.
Mir war der Enzian das wundervollste Klettern wert.

Wahlverwandtschaften

Vorbei ein Tag, der Aschenbecher voll,
Mit Kippen einst mit Lust geraucht.
Der Wandel schreibt ins Protokoll,
Wer was vom Gestern heut' noch braucht.

Gemeinsam in so vielen Jahren,
Gesammelt und gejagt.
Nun lässt ein Schluss mich neu erfahren:
Nicht alles war gemeint und vieles nur gesagt.

Und so ermüdet mich der alte Streit,
Sehe ich am Horizont doch jenes Licht,
Das mir da leuchtet Ausgelassenheit,
Frieden und Zuversicht.

Kein Planen lässt das besser werden,
Was bis zum Status quo misslang.
Ursprung aller Beschwerden,
Ist Suchen nach Entdeckungsdrang.

Lass kommen und lass gehen,
Erkenn' mal Bruder und mal Schwester.
Doch muss bei allem Chaos ich auch sehen,
Wer spielt in meinem innersten Orchester.

Denn Qualm und Rauch verweht die Zeit,
Und Licht dringt durch, ich sehe klar:
Verbranntes ist Vergangenheit,
In mir Entfachtes wird nun wahr.

Egal, wohin die Nadel schlägt,
Es ist mein Pol, der so bestimmt,
Es ist mein Wille, der mich trägt,
Mein Geist, der mir die Ängste nimmt.

Kopf

Oft sind's im Kopf die Ärmsten,
Die allen Reichtum greifen,
Den man in Münzen zählen kann.
Sie scharren Wasserträger um sich,
Wie Licht die Mücken,
Und ergötzen ohne Plan,
Tagtäglich nur ihr eigenes Ich.

Wer Demut fordert,
Muss Wissen geben,
Auch ohne Eigennutz.
Doch sich im Kleinen irren,
Wenn Großes angezeigt,
Schafft Unmut im Zusammenschluss,
Den es zu führen gilt.

Die Besten kehren schnell
Den ausgegebenen Palästen
Rücken und Hände zu.
Und übrig bleibt
Nach kurzer Zeit
Der alte Sumpf:
Unfähigkeit.

Traum

Im Traum heut Nacht sah ich mich fliegen,
Von Potsdam bis nach Neuruppin.
In Wirklichkeit blieb ich doch liegen,
In meinem Bett in Westberlin.

Mit gelben Blättern wollt ich schweben,
Vom fahlen Ast zum Trottoir.
Dann nässten Tropfen mir mein Leben
Und spülten weg, was einmal war.

Gleich aufgewacht, Kopf schmerzt, ich gähne,
Mich dünkt nach schwarzem Morgentrank.
Der Spiegel zeigt die eignen Zähne.
Hab nichts verkauft. Ach, Gott sei Dank!

Wie gern trink ich aus einem Mund

Wie gern trink ich aus einem Mund,
Den heißen Wein der Sehnsucht,
Und glüh im Feuer Stund um Stund,
Bis in die späte Nacht.

Im Dreieck dieser Welt tanzt meine Seele,
Sie springt von altem Felsen los,
Stürzt voller Jubelsang durch dunkle Tiefe,
Und legt den Kopf in einen Schoß.

Halt an den Atem aller Zeiten,
Kein Herzschlag rührt in meiner Brust.
Ich öffne mich den grünen Weiten,
Sterb, werd geboren, so ist's dieselbe Lust.

Lass dauern diesen Wimpernschlag,
Die Ewigkeit, die in ihm lebt.
Mit frischem Tau duftet der junge Tag,
Der Licht nun über Berge hebt.

Holz

Der Boden, auf dem ich schreite,
Ist Grund aus purem Holz,
Über dem ich mich ausbreite,
Wie neu und voller Stolz.
Weil prächtig und zufrieden,
Strömt Wärme durch die Bohlen.
Lädt Körper ein zu liegen,
Um mein und mich zu holen.
Wenn er gefüllt mit Hab und Gut,
Nur in der Ferne existiert.
Sind Ebbe und auch Flut,
Ein Schritt, den ich im Sand verliere.
Und Sinne, wie auch Wende,
Verkehren auf der Bretterwelt.
Ich öffne meine Hände,
Und steh inmitten weitem Feld.
Da spür ich Strauch und Baum,
Dass Frisches in mir wächst.
Verweht ist wie ein Traum,
Was mich verlässt.
Ursachen stählen tief,
Saft treibt empor,
Die Blätter, die ich rief,
Sprossen, die ich verlor.

Der Seele Spiegel

Oft hab ich nachgedacht,
Was ist der Seele Spiegel,
Von dem in kühlster Nacht,
Licht scheint aus tiefstem Siegel.

Wenn unsre Sinne blind,
Geblendet von der Schwärze,
Kahl und armselig sind,
Wie eine abgetropfte Kerze.

Das Herz soeben rennt,
Bis zur Sinnlosigkeit;
Gedanken trommeln vehement,
Auf Fellen der Betroffenheit.

Dann gibt es kein Versinken,
In Sümpfe alter Schatten.
Denn Glanz steht vor Ertrinken,
Zukunft vor dem, was wir einst hatten.

Wir zeigen uns im Lachen,
Da können wir nicht umgekehrt.
Und blinzeln beim Erwachen,
In unser Innenleben Wert.

Das Lachen ist der Seele Spiegel!
Es rettet uns der Augenblick,
Weil eben ohne Riegel
Alles gedeiht - Stück für Stück.

Abraxas

Wenn Staub sich legt und Rauch erfriert,
Kanonen endlich still erkalten,
Ein Gegenüber weiterzieht,
Erst dann erblick ich meine Weite.

Kann reiben mich an all der Schroffheit,
Die ich mir such in meinem Stich.
Lass Unterhaut das Blut mich finden,
Das mir den Gral füllt Überrand.

Ertrinke fast an roter Woge,
An dem, was mir zusammenstürzt.
Besudelt nackt schwimm ich mich frei,
Und werd nicht Ufer oder Insel sein.

Laut tönt am Morgen der Gesang.
Von Dauer, Kraft und Wandel.
Abraxas klingt am Anfang wie am Ende.
Und hebt mein Haupt in helle Dunkelheit.

Universum

Der Nächte Schatten weicht dem Morgenlicht.
Und liest, was jetzt geschrieben.
Fernab von jedem Augenblick,
Lieg ich nun hier und neben dir.

Was kümmert uns der Einstein heut
Und Wirklichkeiten relativ?
Wunschwelten bilden und berühren sich.
Da, wo die Sterne schweigen Stille.

Du dringst mit Schmerz durch Zeit und Raum,
Ganz anders als gemeinster Fluss.
Es drängt in dir ein Traum,
Ein Zug, der dich vom Wägen ganz befreit.

Der nur dem eignen Gleise folgt,
Dem du die Richtung gießt,
Mit jedem Halt und Weiterziehen,
Vom ersten bis zum letzten Tag.

Ich male dich in allen Farben,
Auf Wänden, die nur du erkennst.

Grüner Mantel

Grüner Mantel, voller Würde.
Nie in den Flug gehängt,
Scheutest keine Hürde,
Hast niemandem dich aufgedrängt.

Wie oft war mir dein Anblick,
Ein Schritt in meinem Stück.
Nie zeigtest du zurück,
Und hast grad dann vieles verrückt.

Den Kragen hochgeschlagen,
Bei aller Winter Kälte,
Warst Antwort du auf viele Fragen,
Mit denen ich mich quälte.

Und ist's nun warm,
Du hängst im Spind,
Denk ich ganz ohne Scham,
Ich seh dich bald im tollsten Wind.

Buenos Aires

Als kleiner Junge steige ich,
auf die Müllberge aller Tage.
Mit jedem Schritt in den Abfällen zu versinken dro-
hend,
umgibt meine Nase ein feiner Duft der Verwesung,
der sich süß in verwobene rosa Hirnwindungen frisst.
Oben angekommen wartet das kleine schwarzhaarige
Mädchen,
mit schmutzigen Füßen und zerfetzten Kleidern,
zerrissen von großen Männern mit schwärzesten Nä-
geln,
deren angebissene Spitzen auch Stücke Haut schmerz-
voll schälten,
bis der frische Lebenssaft auf ihre weißen Strümpfe
tropfte.
Traurig schaut sie auf den Boden des Gesterndrecks.
Sie hockt dort die Knie eng zusammengepresst.
Kein Wind scheint zu schwach um sie mit dem war-
men Gestank
endgültig von der lebenden Oberfläche in den toten
Himmel zu wehen.
Doch viele Stürme sind schon an ihren Krallen ver-
zweifelt..
Ich streichel über das glänzende Haar und Augen
sehen mich an.
Brennen Fragen wie: Ist denn jeder Schritt ein weiterer
Fehler?
In der Hand hält sie einen zerknüllten mit Bleistift
beschriebenen Zettel,
auf dem jemand mit unsicherer Hand die Worte
„amor y guerra" geschrieben hat,

fest wie einen kostbaren Schatz, als wär's ihr einziger
Besitz.
Nach und nach haben auch die Musiker, die mir ge-
folgt sind,
den Gipfel erreicht und setzten sich auf feuchte
schimmlige Pappen.
Sie formen aus den unendlichen Resten Instrument
für Instrument,
stimmen sich ein auf den Grundton des Wollen und
Müssen,
beginnen mit verkümmerten Fingern einen Tango zu
spielen.
Und das schwarzhaarige Mädchen lässt das Papier aus
den Fingern gleiten,
schmiegt ihren Körper fordernd an mich, schaut wür-
dig ins Gesicht.
Wir beginnen Schritt für Schritt den Tanz und der
Berg wankt mehr und mehr,
stürzt wie einst Atlantis in die Tiefe, will ziehen mit
ungeschriebenem Gesetz,
auch uns hinab in den Schlund gleichgültiger Verluste
nie geschriebener Melodien.
Im Wiegeschritt schweben Mädchen und Junge über
abgelaufene Strecken,
über Furchen, entstanden durch immerwährendes
Treten und Stehen.
Sehen unter sich im Rio de la Plata sämtliche Asche
aller Antworten versickern.
Wieder und wieder verflechten sich ihre Körper zu
einem Rhythmus der klingt wie:
Lass nicht los! Lass los! Lass nicht los! Lass los! Lass
…

Blüte

Ich pflückte von der Dahlie,
Die fast zur Aster wurde,
Heute zwei Blütenblätter.

Hab sie dann in ein Buch gelegt,
Das diesen Sommer trefflichst beschreibt.
Zwischen Seiten verzauberter Zeitlosigkeit.

Die Worte sind gelesen,
Und eigen jeder denkt:
Das da ist mein, dem häng ich an.

Augenblicke vergehen leicht,
Wie der Gärten Pracht
Und schreiben weiter am Roman.

Bitter Sand

Von Norden her weht frischer Wind,
Der wohl bis hin zum Herbst mir geht.
Mit Blättern schwer für jenen Stamm,
Auf dem die neue Ernte steht.

Ein Vogel schwebt um meinen Topf,
Wie aufgescheucht und sehr erregt.
Teilt mit dem Schnabel alten Zopf,
Weil der nichts mehr in mir bewegt.

Getrennt schmerzt mich verflossen Zeit,
Gefühltes plus Gedenken.
Weh tut der Träume Endlichkeit,
Muss manches Mal Fiktionen lenken.

Verschwinde, wie ein Aroma bitterlich,
In einst illusionären Sphären
Und finde greifbar ein süßes Mich,
Um das sich weder Sucht noch Eifer scheren.

In Wolken schwerster Düfte,
Kann ich gewiss versinken.
Genug der klaren Lüfte,
Will ich im Nichts ertrinken.

Himmel und Erde

Im Menschenbuch der Schwüre,
Stand erst auf letzter Seite,
Dass, wer den Himmel doch berühre,
Für immer ohne Schuhwerk schreite.

Erschreckt erfasste nun manch einer,
Dass Freiheit Mutter aller Pflichten war,
Zu finden sich im Suchen seiner,
Enthüllend selbst den wahren Narr.
Die glänzend Stiefel dem zu geben,
Bar über Glas und Glut zu schreiten,
War dann doch gar kein lohnend Leben.
Wer sollte den und sich zudem begleiten?

Verflucht der tiefen Gründe,
Der Boden Schmerz, Körperlichkeit.
Nie kümmert da der Herzblut Bünde,
Und schreibt in Rot: Vergänglichkeit!
In Erde sickert doch Erleichterung,
Und bald geht alles Leid.
So bleibt dann jedem die Erinnerung,
An längst vergangene Zeit.

Ach Bacchus

Ach Bacchus, süßer Held,
Gefährte stiller Zeiten,
Führst mich in eine Welt,
Der feuchten Einsamkeiten.
Kann toben außerhalb,
So toll wie grob,
Ums gülden Kalb,
Mit dem verseuchten Mob.
Nicht Geist und Zunge brennt,
Nach deinem gläsern Leben.
Wer sich zum Sinne hin bekennt,
Der kann sich dir so ganz hingeben.
Vergessenheit und Rast,
Heißt deiner Fackel Glut.
Denn erst am Morgen wirst du Last,
Davor ist alles gut.
Du bist's, der Türen aufmacht.
Und lädst doch zum Verweilen ein.
Der nächste Tropfen wartet, lacht.
Komm, schenke nochmals ein.
Bisweilen Segen, dann wieder Qual,
Bist du letztendlich auch ein Exemplar,
Der eigen ausgesuchten Wahl,
Von dem, was ich mir nenne wahr.
Nimm weder Schuld noch leck ich Sühne,
Wenn warmer Geist mir durch die Kehle rinnt.
Mir ist gewiss, ich steh auf einer Bühne,
Auf der kein Stück gewinnt.
Die Regeln sind bestimmt.
Spüre weder Freundschaft oder Band,
Das Tag und Nacht zusammennimmt.
Und schütte Lohn in meine Hand.
Feind aller Reinheit, ist einer deiner Namen,

Doch manches Mal findest du ganz tief in mir,
Die Schemen, die so lange vor dir kamen,
Und klärst an sich die Gier nach dir.
Heb mich, als wär's das letzte Mal,
Auf meiner Rüstung Schild.
Mäh mir das Feld der Sinne kahl,
Denn so gebäre ich mit leerem Bild.

Gestern

Mit dünnem Pinsel zeichne ich Rot,
In ansehnlichen Strukturen,
Mir meinen leisen Tod,
Und lebe in des Morgen Spuren.

Mag gar nicht lesen,
Was ich so schreib,
Hass mich als Wesen,
Muss reden, dass ich bleib.

Über und über fließt mir mein Schwall,
Zu schnell um Hand zu finden,
Die einen Ekel trägt ins All,
Und lässt den anderen verschwinden.

Versteh weder das mein,
Noch spür ich mich.
Platziert wie Stimme im Verein,
Ertönt ein Chor für sich.

Bin klüger als zuvor?
Nun weiser Greis und grau?
Oder doch dümmer, als der Tor,
Dem ich ins Auge schau.

Wie nähr ich mich bisweilen gut,
Vom Dreck, der unter Nägeln quillt.
Lösch mit dem Tränennass die Glut,
Das schönste, je in mir gemalte Bild.

Ach Götter, ließet ihr mich doch verglühen,
Als ich dem Himmel neben war.
Heut muss ich mich mit meinem Selbst abmühen,
Und lag ja doch dem Licht so nah.

Zerfallen werd ich bald zu Staub,
Und eins sein mit der Seele,
Die spricht, wie Frühlingslaub,
Aus durstig feuchter Kehle.

Nie fühl ich mich wie ich,
Wie jene Wirklichkeit,
Mit der mein Weg begann an sich,
Zieh ich mir an das Gesternkleid.

Kahn aus Papier

Ein Kahn ganz aus Papier,
Gefaltet früh und schlicht,
Schwamm los mit niedrigster Begier,
Und wusste nicht, was da aufbricht.

Die Winde kehrten schnell,
Unschuld aus jedem Segel.
Es blitzte schweres Wetter hell,
Und trieb die Flut zum höchsten Pegel.

Wenn scheinbar Leichtes am Ersaufen ist,
Trägt es das Nichts nach oben,
Wo Du dann mit dem Himmel bist,
Und alles Glück wird wie ein Blitz aufs "Bald" geho-
ben.

Nachtfahrt

Weit nach zwölf,
Ich fahr auf meiner Straße,
Durchs Dunkel einer Nacht,
Und schau nicht weiter,
Als Scheinwerfers Licht.
Mein Kopf versucht zu richten,
Wo weltlich ich grad bin.
Er findet absolut und Nichts.
Fragt dann beim Wesen an,
Obgleich, das hat so viel zu tun.
Denn es legt alle Kleider ab!
Verschreckt lass ich das Steuer los,
Blick diesem Spiele zu.
Und sehe mich unendlich nackt,
In meinem Wagen sitzen.
Jetzt lenk' ich das Gefährt,
Nur noch mit Geisteskraft,
Blick auf der Instrumente Zahl,
Die mir den Flug und Mut aufdecken soll,
Doch ohne Zeiger verliert sie jeden Wert.
Dann geht am Straßenrand,
Jemand, der winkt mir zu.
Ich halte an, öffne und lass ihn ein.
Beim ersten Anblick wird mir klar,
Der da bin ich.

Heut hab ich mir das Fell gegerbt.
Mit Flecken Blau und Rot.
Ich trennte aller Häute Oberschicht,
Wie von der Zeit bestellt.
Damit kein Horn sich bildet,
Luft weiter in mir weht,
Musste der Trockensumpf,
In sieben Tagen weichen.

Gerädert von der Saga,
Dass sich das Böse findet,
Blendete ich gewollte Lust,
Als eigen Spiegelbild.

Wie tanz ich schnell!
Mal auf der Drei, mal auf der Vier.
So wirr, dass ich die Maske raub,
Im Raume, wie im Traume Weiß.

Bin ich ein Teil,
So spür ich Kraft.
Als Ganzes seltsam einzeln,
Entsteht in mir die Fremde.

Fließ hin zum Nun,
Und bilde einen See.
Kugel aus Kristall,
Zerfall in Prinz und Frosch.
Bin herber, strenger Trunk,
Den mir mein Blatt verschreibt.
Entbunden aus der Karten Fall,
Mit Siebenfingerhand.

Alge

Wenn ich mal Mensch nicht bin,
Und fühl das Gegenteil davon,
Entstehen zwei alte Formen mir im Sinn,
Die mich verwirren, wie das versunkene Babylon.
Erst sprießt der Pflanze Trieb,
Ganz unverhofft aus neuem Sein,
Dann schlägt des Tieres Hieb,
In meiner Seele alles kurz und klein.
Mal schlürfe ich vom Meeressalz,
Bald spuck ich Wasser, bittersüß.
Das eine, wie das andre brennt im Hals,
Doch fließt nichts Besseres hier im Verlies.
Ich kann vom Baumstamm mich ernähren,
Auf kahlem Felsen Wurzeln schlagen,
Im Schatten jeden Sonnenstrahl abwehren,
Um tief im Sumpf das Feuchte zu beklagen.
Im Eis, das jene ewig nennen,
Die Jahr für Jahr im Herbst erfrieren,
Kann ich mir einen Schnee erkennen,
Für den es lohnt, Blut zu verlieren.
Es wuchert mir auf meinem Grund,
So mancher Pilz, den ich nicht mag.
Heut bin ich Riese und gesund,
Träum mir die Nacht vom nächsten Tag.
Dann wieder schneidet jedes Blatt,
Mir allen Halt entzwei.
Und Menschen fliegen glatt,
Nie hoch wie ich, nur tief wie Blei.
Was ich als Sterben hab erkannt,
Ist weder Glück noch Seligkeit.
Ein Schritt hinweg vom Heimatland,
Trägt Narren ewig und auch weit.

In diesem Dasein muss ich rasten,
Und bieg zusammen, was heute kriecht und flieht,
Bis mich der Tanz des Lebens weiterzieht.
In ferner Welt wird Unschuld auf mir lasten.

Straßenkind

Noch hallen meine Schritte auf dem Pflaster,
Und schallen mit der Häuserfront.
Laternen werfen Schatten, die mit mir wandern.
Oben leuchten Sterne, unten schweigt der Frost.

Mein Gang will schneller, als ich bin,
Denn lang saß ich im Rinnstein.
Mit dünnem Stock in Pfützen fischen,
Um Blätter letzter Herbste aufzuspießen.

Bleib stehen vor dem Schaufenster der Fantasie,
Ergreif mit großen Augen Spielzeuge eines Tages,
Mit der Beteuerung morgen zu kaufen.
Geh weiter, gestern war, mein Korb bleibt leer.

Lehn trunken an den Bäumen der Allee,
Starre in Sand und riech des Globus Tiefe.
Hab weder Schlüssel, noch will ich Tür,
Weil ich mir Heimat und auch Straße bin.

Mit aller Macht

Will manchmal fragen,
Warum es ist.
Und schweige dann die Antwort,
Denn schöner geht es nicht.
Da Scheinwerfer erlöschen,
Stehen wir im Licht, ganz nackt für uns,
In einer Welt verzückt,
Der Grenzen wir zersprengen.
Mit aller Macht strebt dieser Bau,
Der Spitze schnell entgegen.
Wir wissen, ob der Kraft,
Der längste Wege sich ergeben.
Wenn Kälte dann die Füße packt,
Erfasst das Grauen uns nur momentan.
In jedem Augenblick vergeht,
Des Wartens lange Flucht in mir und dir.
Ja, aller Einheit scheint der Geist,
Und sieht der Zukunft Strahl,
In diesem Glück versprochen.
Durch Antipoden aufgezehrt,
Verlieren wir manch Augenblick,
Der uns in aller Sehnsucht Stille,
Zum Ziel, zum schönsten Orte schickt.
Des einen Ton, des anderen Ohr,
Hilft uns den rechten Pfad zu finden.
So ist alsbald Bedeutung dort,
Wo alle Freude scheint Delikt.
Gegangen, gehen und verschwinden,
Erscheint als Tages Lauf.
Es leuchten mit der Nächte Glanz,
Wir, die diese Straße neu besingen.

Tanz

Rubinrot glänzt heut Nacht mein Wein,
Wie losgelassen tanzen Ohren,
Auf Tasten eines Pianos.
In solchem Rausch geht nichts verloren.

Bin ich auch manchmal noch benommen,
So lausch ich dieser Finger Spiel.
Glaub mir die schönsten Sonnen,
Liebkose diesen Widersinn zu viel.

Zuviel? Ach, grad das Gegenteil!
Nehme alles auf, wie der Gewürze Schatz,
Dass ich an dieser Tafel so lang verweil,
Wie's Leben deckt mir meinen Platz.

Nebel aus purpurn Rauch umgeben mich,
Der süße Duft dringt immer tiefer ein,
Glocken und tiefer Bass verspinnen sich.
Ich atme tief; so sind sie mein.

Der schönste Schleier zeigt mir mehr,
Als er von deinem Licht verdeckt.
Und Augen Schein leuchtet so sehr,
Dass selbst die Dunkelheit Lust in mir weckt.

Mein Körper wiegt im Rhythmus dieser Tage,
Und heftig schlägt der Puls mit frischen Tönen.
Die Seele glaubt nun, was ich sage.
Wie kann das Leben doch verwöhnen!

So sehr

Es bedingen die Höhen,
Nach denen ich strebe und sehne,
Tiefen, in die ich falle.

So sehr es mich glücklich macht,
Ziel zu leben,
So sehr wünsche ich,
Im Grunde vor mir zu liegen.

Geburtstag

Egal, wo du nun bist,
Um Mitternacht erhebe ich mein Glas,
Voll trocknem Sekt und stoße an,
Auf deinen Jahrestag.
Ich denke fest an alles Schöne,
Und sende es in deine Träume.
Ich stelle mir dein Lächeln vor,
Du Augen zu, ich weiß es dort.
In einem Flammenlicht,
Brennt heut' ein neues Maß.
So wie es dir gefällt,
Fließt Wachs, wohin er mag.
Wie viel sich löst,
Was du gewährst,
Bestimmt nur deine Hand,
Geführt von lichter Kraft.
Den Becher leere ich in einem Zug,
Und spüre Rausch mit jedem Tag.
Dein Fest, es ist ein Feuerwerk.
Man muss nur in den Himmel schauen!

Fest

Leise knistert die letzte Glut,
Verbrannte Kohle, heller Rauch.
Es scheint der Sterne Flut,
Auf mich mit allem Lebenshauch.
Ich lausche sanft der Nacht,
Und spiegle Träume auf der Wasser Wellen.
Erinnere, trotz Stürmen mit Bedacht,
Mich der zum Jetzt getriebenen Quellen.
Im Park der kommenden Zeiten,
Geh' ich nun meine Wege.
Mit Mut und eignen Sinnlichkeiten,
Trotzend der Blitz- und Donnerschläge.
Erfrischender Morgen wartet,
Mit Reiz und Kostbarkeit.
Fürs Fest ist angerichtet,
Mit trefflichster Besonderheit.

Warten

Es drängt mein Tun,
Mich zeitweise in Ecken,
Die mir nur eine Richtung lassen,
Will ich mich noch verrücken.
So definiert als Ziel sich das,
Was meiner Wünsche Lenkung hält,
Und gibt dem Segel nur dann Wind,
Wenn es dem Steuermann gefällt.

Der ist meist aus alten Tagen,
Die ich, wie einen Klotz noch schleppe,
Ich ziehe Bremsen, will doch fahren,
Mit Spiegeln der Barmherzigkeit.

Im Winkel stehen meine Wände,
Sie decken und sie schränken,
Trotz aller Zweifel warte ich,
Nur noch auf grünes Licht.

Schattenspiele

Tunk meine Hand,
In Kinderfarben.
Klatsch sie an eine Wand,
Lass mir den Spaß dabei nicht darben.

Schlag auf der Stelle Rad,
Bis ich dann nicht mehr weiß,
Ist unten Wunschbild oder Pfad,
Ist mir nun kalt oder doch heiß.

Muss Tränen fließen lassen,
Und lache mich zur Dämlichkeit.
Kann all mein Glück nicht fassen,
Kenn ich doch keine Ewigkeit.

Renn hinter Wolken her,
Bei tollstem Regen kalt.
Als wäre da was oder auch wer,
Der ruft: Mach weiter so und stolpre bald.

Dem zeig ich dann die Nase frech,
Mit meiner Finger Dreck.
Wünsch ihm das dickste Pech,
Und bin schon weg vom schwarzen Fleck.

Lass spielen, bis die Sonne geht,
Man ruft uns eh zu jenem Abendtisch,
An dem der Wind der Logik weht,
Obgleich, mir geht das Herz zu frisch.

Als denn, fürs Endlose zeichne ich nicht,
Ist viel verlangt von einem "Infantil".
Zeitlosigkeit reicht heute mir die Sicht,
Und selbst die ist manches Mal zu viel.

Freischwimmer

Guten Morgen.
Wind weht frisch,
In diesem Herbst.
Und so lebendiger,
Als laues Ersticken,
In verbrauchter Luft.

Ein Blick, der stürmt,
Über Land und Meer,
Und zweifelt doch an sich.
Wenn Hände nichts mehr halten,
Dann ist es gut.
Flugs schwimme ich.

Kühler

Die Kraft der Sonne lässt nach,
Tag für Tag,
Laub kündigt sich an,
Mit Wind und Untergang.
Den satten Wiesen,
Folgt jetzt manch kahler Ast,
Dem Mittagsbrennen,
Spazieren unter grauem Dach.
Der Park bleibt leer,
Ein Mönch setzt sich auf eine Bank,
Ein Paar spielt noch im Busch Versteck,
Und Wespen sterben ohne Stich.
Der Himmel baut mit Wolken,
Die Nacht probiert die Kälte aus,
Der Eismann schließt sein Geschäft,
Und ich falte unsere Decke zusammen.
Schritte werden schneller,
Und Mäntel füllen Gassen,
Pfützen laden zum Springen ein,
Im Rinnstein liegt ein vergessener Schirm.
Kastanien trommeln auf dem Dach,
Und Wein gibt sich der Ernte preis,
Wieder fällt eine Tür ins Schloss,
Die Nächte werden kühler.

In meinem Zimmer

Der Weg ist nicht weit,
Von einer Wand zur anderen.
Klein in der Bedingtheit,
Dies ist mein apartes Land.

Daher, so wie die Dinge stehen,
Hab ich sie hingestellt,
Und wenn auch Stürme wehen,
Nur noch, wie's mir gefällt.

Unzähliges hat neuen Platz,
So hat nur weniges Bestand,
Jedoch, das wandelt nun zum Schatz,
Und irrt nicht mehr von Hand zu Hand.

Jetzt wird vertrauter mir,
Der Anblick meiner Außenwelt,
Ist doch verlorener Saphir,
Auch nur ein Stein auf einem Feld.

Seit gestern hier nun eine Blume steht,
Von Elfenaugen auserwählt,
Die eine Weile mit mir geht,
Die in der Nacht mir meinen Traum erzählt.

Kein Abschied ist mir lieber

Tausend Worte ist der Abend alt,
Die Welt blieb stehen vor unsrem Tor,
Gelöschte Kerzen sind schon kalt,
Und Nebel steigen bald empor.

Auf einem Diwan liegen schweigend wir,
Und zwischen uns knurrt kleiner Tiger.
Mein Herz klopft leise: Gern bin ich hier,
Kein Abschied ist mir lieber.

Ich schlüpf in mein Gewand,
Spür wundervoll die Süße deiner Lippen,
Noch einen Augenblick, nackt, Hand in Hand,
Dann steh ich wieder vor den Klippen.

Ein toter Wind weht auswärts,
Zeugt Menschen wie aus Eis.
Mir gibt dies Wetter keinen Schmerz,
Weil ich um deine Wärme weiß.

Neumond

Gilt mir das Auf mehr als das Ab,
Mehr als des Endes Rund?
Bin ich im Kopf so satt,
Wie in der Seele ungesund?
Ist jeder täglich Griff zum Wein,
Ein Gift des stumpfen Seins?
Schenkt mir das Narrenglas die Wahrheit ein?
Zu guter Letzt verirren doch noch mein?
Dass ich etwas in mir nicht bin,
Schien plötzlich herab wie Neumond,

Und dieser verworrene Weg war ohne Sinn,
Für den, der ohne Liebe wohnt.
Mit jedem Tag die gleiche Not,
Vom aufgewacht bis zu hin zur Starre.
Erlöse mich gesehnter Tod,
Bevor in diesem Bernstein ich verharre.
Und lass der Mutter Schweiß frisch fließen,
Dass ich durch diese Enge neu geboren werde.
Mein Antlitz tränenvoll dann in mich gießen,
Fernab gezäumter Wiesen, weit von der Herde.
Aus Teilen, hinten und bald vorne liegend,
Entsteht ein Ganzes und dann wird wahr,
In wessen Welt ich mir mein Schicksal wiege,
Seit Herkunft mir das Ich gebar.

Advent

Das Innehalten aller Sinne,
Und das Lassen dessen,
Was unser ist.
Mit jeder Faser,
Die das Sein bestimmt,
Und in diesen Tagen,
Haben vergessen lässt.

So lautet die Botschaft des Festes,
Dass wir wie selbstverständlich jedes Jahr feiern,
Welches in uns, wie keines sonst,
Liebe, Sehnsucht, Wehmut,
Und auch Traurigkeit weckt.
Dem wir viele Rituale zugeordnet haben,
Wo Schenken keinen Mehrwert definiert,
Sondern die Gabe ist.

Und weil es die Zeit der Besinnung ist,
Stimmt sie uns mit akribischer Vehemenz,
Melancholisch; was wir genießen,
Weil endlich nach aller Hast und Jagd übers Jahr,
Wir uns dies nun Zugestehen:
Advent heißt Ankunft.

Aussicht

Leicht schien der Anstieg,
Hin auf den Berg,
Den ich gesucht,
Und dann gefunden hatte.

Anfangs ganz nichtig flott,
Spazierte ich nach oben.
Doch malte schnell mein Bild,
Das Hoch mir sehr viel steiler.

Duftend Gras und helle Blüte,
Gedieh plötzlich nicht mehr.
Um mich nur Stein auf Stein,
So kalt und glatt wie Frost in mir.

Gleich krallte ich mit großer Furcht,
Die Nägel in den Fels,
Obgleich kein Halt zu finden war,
Auf bröckelnd staubigem Geröll.

Je näher ich dem Gipfel kam,
Je mehr verlor ich Licht für Licht.
Was brannte da in meinen Lungen,
An Glut aus mir so fremder Luft.

Alsdann, ich wollt mein Haupt,
Nicht senken in die Tiefe,
Denn alle Kraft wär flugs verloren,
Griff mir der Abgrund in mein Leben.

So kroch ich wie ein Wurm,
Einzig getrieben vom Instinkt,
Durch Furchen kalt und Spalten scharf,
Mit zitternd blanker Haut.

Dann Spitzen, die mich schnitten,
Dass Blut mir in die Augen floss,
Mit Schmerz, der unerträglich glomm,
Der mir die Sinne schier zu rauben schien.

Nach jedem Überwinden,
Des auch so kleinsten Steins,
Das Ziel endlich erhoffend,
Um dann noch Höheres zu blicken.

Mut wich der Hoffnungslosigkeit,
Der Boden war, dem wurde ich gewiss,
Die endlos dunkle Leere,
So ließ ich los und fiel ins Nichts.

Da klang in mir etwas wie Stimme,
Das ohne Wort und lautlos war:
„Nun wandle dich, fühl deinen Grund.
Nun lasse los, vergebe dir."

Aussicht belohnt, so weit hoch innen,
Mich mit Erfassen und Genießen.
Geist spricht: „Jetzt sehe ich klar,
Dass Krone sich mit Augenblick ernährt."

Lesen

Zwei Uhr früh.
Genieße Ruhe.
Und sitze hier.
Hör einfach zu.
Gedanken gießen still,
Zauber und Herbst.
Ein Lachen will,
Und siegt, bevor es stirbt.

Bin ich nun rein?
Fragt mich mein Bass,
In Hände warm, ich wein:
Mit mir? Ach Aderlass!
Schall tanzt,
Und Ton für Ton entsteht,
Aus Teilen insgesamt,
Buch, das ums Lesen fleht.
So steht der Wünsche viel,
Ein Trinken mit,
Dass uns das Herz erfüllt,
Im Halbtonschritt.
Gefühl mir auserwählt,
Als eigen Geistesgut.
Wer Schlechtes zählt,
Ertrinkt in schmerzendem Disput.
Es gart in mir die trübe Brühe,
Geb Macht ich über mich der Liebsten preis.
Sehnsucht? So gern! Doch warum Mühe,
Mit der Unwirklichkeiten Schweiß?
Jetzt klinge an, frischer Akkord,
Schwing mir auf Marmor schwarz und weiß.
Trag Krallen, die dich halten wollten fort,
Und tobe wie mein Wesen, laut und leis.

Es gibt nur eine Welt!
Singt mancher Chor mit wenig Fantasie.
Doch ich hab über Tausend schon in mir gezählt,
Und finde aller Additionen Summe nie.
Sag du, mit Blick auf diese Zeilen,
Ging es mir besser, irgendwann?
Warum sollte ich durchs Leben eilen?
Wenn ich doch endlich lesen kann!

Sumpf

Was als Quelle aus dem Boden schnellte,
Um Fluss, reißend und klar und frisch zu sein,
Ist sickernd, dunkler Sumpf geworden.

Kein Strömen mehr treibt Tropfen weiter,
Es gärt und dampft mit leidendem Geruch,
Ein Gemisch getrockneter Vergangenheit.

Wo ich einst wie ein Fisch freischwamm,
Klebt momentan mein Schritt,
Versinkt, was Verband ich verstand.

Am Morgen Regen unverfälscht geatmet.
In Mittagssonne träumend mich verbrannt.
Nach Sonnenuntergang im Dschungel stehend.

Mir scheint der Mond meiner Launen,
In Finsternis heller, als andere sehen,
Zieht, sehnt die Sucht mit einem Willen.

Sobald die Kleider trocken sind,
Pack ich das Zeug, das mir noch bleibt,
Füll Wasser in den zehnten Kelch.

Dann bin ich fort, gleich einem Hauch,
Der über deine Wetter weht,
Und wie ein Moor im Ozean zerstaubt.

Auf das ich mich versöhne

In jeder Tiefe, aller Stille,
Die sich mir findet im Verrücktsein,
Schmerzt neu, gefundener Wille,
Beim Blättern in erfrischtem Wein.

Vieler Geigen Töne,
Verkünden Tadel und auch Lob,
Auf das ich Mein und Mich versöhne,
Mit jedem Abstieg, allem Sog.

Es greift der Widerspruch,
Mir meiner Wünsche Herz,
Und tritt nun ein als Sinn aus Bruch,
Den ich wie Spaß verstand, als Scherz.

Es ist dann nicht der nackteste Moment,
Das Maß, dem ich fortan nun nütze,
Was meine Seele an Deiner kennt,
Ist wie Du mich, so ich Dich schütze.

Frei

Gefangen in Netzen,
Gewebt aus Fäden der Zeit,
Hilft ein Exot oftmals,
Die Freiheit zu erlangen.
Diesem dann als Befreier,
Bedingungslos zu folgen,
Spinnt wieder neue Zellen,
Mit alten Gitterstäben.
Verbundenheit und Dank,
Sind dem gewiss, ganz ohne Zweifel,
Und Handlung ohne Eigennutz,
Ist als ein edles Ziel bekannt.
Falls wer sich feiern lässt,
Ist Vorsicht angebracht,
Dann zieht der andere hinab,
Um selbst nun hochzusteigen.
Im Zustand der Beweglichkeit,
Will Illusion kein Antrieb sein,
Die Kraft, in Änderung zu wirken,
Führt in den eignen Schrein.
So reichen und befreien wir,
Uns selber nur,
Wenn aller Räusche letztes Wort,
Von uns nicht mehr gehört wird.

Landschaften

Selbst wenn ich dich nie wiedersehe,
Du bist ein Frühling in mir.
Alle Traurigkeit verschwindet mit dem Erlebten.
Ob Sehnsüchte sich erfüllen,
Spielt in den Träumen keine Rolle.
Landschaften, gesucht und gefunden,
Haben ihre eigenen Schatten.
In unserer Erde lassen wir Spuren,
Die nur wir lesen können.
Tief an manchen Stellen,
Zum Verschwinden an anderen.
In größter Müdigkeit können wir dort zeichnen,
Es schert kein Zustand des Gemüts.
Das Vergangene festhalten, gelingt im Sterben.
Das Zukünftige ahnen, geschieht im Empfang.
Das Gegenwärtige genießen,
Geschieht im Wunsch.

Schwarz

Am Strauch drei Fäden hängen,
Die ich gewebt,
In hellen Kellergängen,
Hab ich gelebt.

Vom zwölften Teil die Hälfte,
Den Tag gesehn,
Der Rest war für die Wölfe,
Die mit uns gehen.

Blau steht für dunkle Tropfen,
Gelb ist der Neid,
Rot kreuzt, was wir noch hoffen,
Schwarz schmückt mein Kleid.

Im Hof noch Federn liegen,
Die ich vergaß,
So schwer, davon zu fliegen,
Mit all dem Fraß.

Eins sein mit deinem Flug,
Zwei finden sich allein,
Drei Jahre machen klug,
Um frei zu sein.

Schwarz neben Weiß

Schwimmen ohne Platz zum Treiben,
Ist wie Berauschen am Delirium anderer.
Wasser in den Augen,
Verdirbt jede Aussicht.
Der Nebel deines Seins,
Liegt über meinen Lichtern.
Gespräche mit einer Wand,
Schallen durch meinen Kopf.
Wort für Wort brennt.
Koste vom Funkenschlag.
Und bin am Ende einer Kraft,
Die mich überdauert hat.

Aus den Kacheln meiner Vergangenheit,
Schwarz neben Weiß,
Malte ich mich heraus mit neuen Farben.
Nun fließt deren Öl über mich,

Verbrennt mir Haut und Herz,
So bleibt vom Bild das Negativ.
Wo spielt noch eine Musik,
Der ich lauschen möchte?
Welchen Tropfen kann ich trinken,
Dessen Rot mich nicht bluten lässt?
Wann tanz ich endlich über dich,
Der du nicht springen kannst?

Sommer

Mein Sommer!
Keine Zeit, in fremden Gärten zu liegen.
Werde den Kopf nicht verdrehen,
Um die Sonne zu sehen, die auf uns strahlt.
Will keine Blumen pflücken,
Die nicht gewünscht sind.
Nicht am staubigen Wege stehen und jeder Wind,
Aus welcher Richtung er auch weht,
Kann mir unendlich Sand,
In meine offenen Augen streuen.
Wer sucht, findet Schlüssel für eigene Schranken,
Und ist dann der Pförtner an all seinen Türen.
Wer steht, dem bleibt nichts,
Als in vergangenen Wintern,
Den Schnee zu suchen,
Der jeder Wärme widersteht.
Was kann ich anderes tun, als dem Herbst
Ein Zauberfeuerwerk voranzustellen,
Auf dass auch ich erleuchte,
Mein Eigen mir erträumtes Universum?
Nun, ich kann mich führen, durch jedes Moor,
Denn wenn ich mich liebe,
Bleibt jede Schneide stumpf!

Zeiten

Manchmal bist Du wie ein Traum,
Der in einer Zeit spielt,
Die wie rollende Steine,
Kein Halten kennt.
Oft tanzt Du in meinem Kopf,
Ohne Kleid und Angst.
Und unsere Häute zerschmelzen,
Zu endlichem Sternenstaub.
Immer steht für Nichts,
Was allem Streben lohnt.
Sehen um Mitternacht,
Ganz ohne Mond hoch oben.
Nie Seele verkaufen, die in uns rennt,
Lodert wie Feuer,
Das löschen will,
Wer jetzt und hier nicht ist.

Brief ans Ich

Na Ich, wie geht's?
Bestimmt besser!
Beim letzten Mal,
Als wir uns trafen,
Warst Du so uneinig.
Mit Dir und allem,
Was Dich umgab.
Du siehst nun klarer?
Hast Deinen Spiegel gefunden?
Ich sehe.
Andere sind nicht mehr das Maß,
Mit dem Du misst,

Sondern eine Chance,
Neues zu erleben.
Du liebst,
Ohne besitzen zu wollen.
Willst die Ewigkeiten für Stunden,
Mit einem Menschen verbringen?
Im Moment finden,
Wonach manche ein Leben lang suchen?
Nie schlecht,
Wenn Du Ziele wählst,
Die Dein sind.
So wurdest Du geboren.

Es ist recht, immer wieder und wieder,
Neu zu bestimmen, wohin es geht.
Vergiss nie,
Du bist der Mittelpunkt Deiner Welt,
Das Einmalige.
Genieße, was dauernd scheint,
Zuweilen bis auf Weiteres.
Es kommt, wer mit Dir sein will!
In welchen Zeiten auch immer.
Häng mit Gedanken nicht am Gestern.
Und war's auch noch so schön.
Nie werden die gelebten Bilder,
Ein neues Gemälde malen.
Lebe mit denen,
Die Deine Augenblicke sehen.
Und werde eins mit Geist und Lust.
Sei nicht laut, nimm Dich zurück,
Wenn's mal nicht weitergeht.
Es wird an Deiner Seite stehen der,
Der Du glaubst zu sein.
Drum denke mit Bedacht,
Und wünsche,

Was Du träumst.
Denn das wirst Du sein.
Die Quelle für Deinen eigenen Fluss,
In dem jene schwimmen,
Die mit Dir sind.

Wetter

An manchen Tagen schweben Wolken über mir,
Und es will nicht regnen.
Wochen später schüttet es aus allen Bächen,
Doch der Himmel scheint blau und klar.
So gibt es Orte, da lauf ich blind,
Und finde trotzdem dann mein Ziel.
Was mich nicht hindert, mit offenen Augen,
In den Irrsinn zu rennen.
Ich spür die Fährte meiner Spur,
Zum größten Teil mit eigner Nase auf.
Und schlag sie mir doch blutig,
Meist an zugänglichen Türen.
Wenn Sonne und Niederschlag,
Grad aus dem Nichts entstehen,
Brauch ich mich um den Lauf der Welt,
So überhaupt nicht kümmern.
Da sorg ich eher mich ums eigentliche Wetter,
Das mich und meinen Kreis umgibt.

Das Liebe schmerzt

Das Liebe schmerzt,
Hat sich geschrieben tief,
In jenen Teil der Seele,
Der voller Ahnung weiter reift.
Bis hin zu dem Prozess,
An dem zu spät erscheint,
Wer darin lesen wollte,
Weil Regen alle Spuren wischt.
Auf Tastaturen Töne bilden,
Nach denen wir das Sein bestimmen,
Lässt in uns nur Schöpfung erklingen,
In der wir selbst begründet sind.
Und so als Teil von jener Kraft,
Die sich nur will,
Trotzdem das Fremde schafft,
In jeder Nacht.
Von allen Geistern einer Welt,
Die in und über schweben,
Greift der in Hand und Wesen,
Dem Ernst ganz lapidar erscheint.
Obgleich, es ist ja nicht der Schelm,
Wie's auf den ersten Blick erscheint,
Sondern das Kind, das lacht und weint,
Das jeden Zweifel künftig friert.
Gunst, Herzlichkeit und Wärme,
Ist das der Suche Ziel?
Ich irre tief in meinem Schlangenverlies,
Und weiß am Ende doch nicht allzu viel.

Aufstehen

So bist du wieder aufgewacht,
Verweilst auch diesen Tag noch hier.
Vergangen ist die letzte Nacht,
Die Welt gehört nun dir.

Vergessen schnell ein schöner Traum,
Pulsschlag in dir kennt keine Rast.
Auch heute wächst ein Apfelbaum,
Mit Wünschen voll an jedem Ast

Drum kleide dich und geh hinaus,
Der Morgen strahlt, die Sonne glänzt,
Treibt Dunkelheit aus deinem Haus,
Bis du dein Spiegelbild erkennst.

Drang

Wir fliegen hoch zur Wolke, zum Vergnügen,
Und reißen kühn in dünnster Sphäre Kreise.
Wir spüren heut in allen Atemzügen,
Das tote Leben auf seine Weise.

Es kriecht in unsren kalten Adern,
Getier der niedrigsten Natur,
Lässt mich und dich mit allem hadern,
Und skelettiert im kalten Flur.

Der Länge nach zerbrechen alte Steine,
Sie treiben Keil für Keil in zuckendes Gehirn,
Zerschmettern zu Staub die werdenden Gebeine,
Verbieten Leere und fordern nackte Stirn.

Es ekelt uns vor jedem Drang,
Der Schwung und Kräfte raubt.
So suchen wir meist lebenslang,
Was keiner greift und niemand glaubt.

Und doch ist da das matte Weiß,
Das uns ohne' Unterlass nach vorne treibt.

Müde

Wie fühlen sich die Finger müde an,
Um hier noch Wort für Wort zu schreiben,
Und tasten doch, so wie im Rausch,
Sich durch mein Labyrinth.

Mit ungewollter Energie verglichen,
Ergibt der Schlaf sich allem Leben,
Er kann nicht anders, muss den Unbestand,
Zur Feder seiner Uhr erklären.

Wie gern möcht ich nun auf mein Lager sinken,
Und mich der süßen Träume hin vergeben,
Doch aufgewühlt erwach ich Tritt für Tritt,
Von mir vertrauter Wärme Dämmerung.

Noch lieg ich, Decke hochgezogen,
Da fließt schon durch das offene Fenster,
Die kalte und so frische Luft,
Dass aller Zweifel an dem Morgen schwindet.

Mein nackter Körper möchte frösteln,
Mit jedem Zittern sich vergessen,
Und nährt sich gerade jetzt von Geistes Tau,
Das durch und durch die Sinne fließt.

Wie fühlen sich die Finger kräftig an,
Um mir mein Tun zu geben,
Ergreifen ferner Rollen Plan,
Und löschen mir Verworrenheit!

Ein scharlach Trunk in meinen Adern,
Und jeder Herzschlag klingt wie's Paradies,
Tief atme ich das Augenglück,
Weit streck ich endlich meine Brust.

Sandplatz

Im dauernden Spiel,
Zwischen sich und einzeln,
Ist das Spannungsfeld,
Aufs Kleinste reduziert.

Wie wir die Kugel werfen,
Würfel wie Zufall stürzen,
So zündet alles oder nichts,
Die Lunte einer Laune.

Beschwingt tanzt unser Pendel,
In Uhren der Gedanken.
Wir fallen dann wie alter Staub,
Um anderntags es zu genießen.
Streben und steigen,
Bei gleichsam tiefstem Fall,
Erzeugt die Übelkeit,
Die zum Erwachen führt.

Erstaunt sich erst erbrechen,
Und es Erfahrung werden lassen,

Heißt, ohne Stein zu schleifen,
Der Messer Schärfe tief erfahren.

Auf Kleinstem Waage halten,
Bei Stürmen voller Sand,
Die Augen nicht verschließen,
Das trotzt dem Gegenwind.

Die Zweifel und Erwartung?
Ganz einfach ziehen lassen!
Auf diesem Sandplatz tanzen,
Den Takt der eigenen Frequenz.

Auf mich verlassen sein

Kein Verlassen auf mich,
Schlägt ein wie Stein,
Wunde frisst sich frisch,
In bodenloses Bein.
Schlag taumelnd in der Ecke,
Meiner Ringe mir den Erker auf,
Tief Fleisch, das ich mir lecke,
Gleicht eines Spiegels Amoklauf.

Mein steht heut in der Mitte,
Und tönt wie ein gerissen Tier,
Taub hör ich fremde Schritte,
Schneid wieder Schlangenhaut von mir.
Geifer Lebendigkeit,
In Pfützen einer zweiten Welt,
Versinke in unendlich Zeit,
Die unser Geist behält:

Stunden, auf verlassenen Bahnhöfen verbracht,
Waren nie umsonst sondern immer ein Neues,
Jedes Warten war ein Traum, auch das Vergebene.

Tage voller Blindheit, scheinen heute filigran.
Weiß nicht, wie viele Fasern fühlten.
Blume im Dunkel war ein Geschenk.
Und der Bürger, der schwarz sich kleidet,
Wenn Freiheit seine Macht erlaubt?
Der hell der Ausflucht dient,
Die Sinn und Sein ihm raubt?

Kann nie verlassen, das er nicht ist!

Das sind die Menschen, die uns Bühnen bauen?
Auf denen wir Rollen spielen sollen ihrer Qual?

Es sind Desertierende, auf die ich mich verlasse!

Endlich

Muss ich allen Wegen folgen,
Die du mir zeigst?
Darf der Schatten entscheiden,
Welcher Sonne er gegenübersteht?
Immer wieder öffnet sich die nächste Tür,
In Augenblicken, die so nicht gewünscht.
Dann, aus dem Fenster blickend,
Läuft der Lauf der Dinge,
Ganz anders als geplant.
Wie viele laufen hinterher?
Wer versteckt wen?
Und dann stehe ich plötzlich nackt mir gegenüber.
Habe alles verworfen,

Was vor Stunden noch mein Ein und Alles war.
Besteige Gebirge, die ich noch nie gesehen habe,
Mit all einer Macht im Rücken,
Die ich mir geben kann.
Zurück im neuen Ich
Werden Konsequenzen getragen.
Endlich!
Für alles!
Für mich!
Niemand wird meine Entschuldigungen unterschrei-
ben.
Ich schweige und suche nicht.
Alles wird lauter und klarer!
Ich hasse die Welt heute und lebe morgen.
Nehme mich mit.
Langsam kleben die Gedanken wieder an mir.
Und wenn ich auch friere,
Alles geht in dem Wahnsinn auf, der erlöst,
Wie das Grass, das uns den Frühling riechen lässt.

Wenn ich für dich töten soll,
Wird es meine Freiheit sein,
Es so zu sehen, wie nur ich kann.
Müll erzeugen und entsorgen ist eine Kunst,
Die wertvoll und lohnend viele ernährt.
Ich nehme mir alles aus der Hand,
Und werfe es in die Tiefen des Universums.
Das nenn ich frei, endlich taub und blind,
Dem entgegen fließen, das uns die größten Schmerzen
bereitet.
Mit aller Sicherheit, die ich mir denken kann,
Kommst du nun und verteilst die Mäntel der Liebe.
Für jede Stelle, an der du mich vermutest,
Gibt es eine andere, an der ich auch nicht bin.
Nicht ich reise durch die Welt,

Die Welt reist durch mich.
Und das ist der Unterschied.
Alles ist in mir. Alles ist in dir.
All unsere Sinne haben alles gemein!
Denn das ist unsere Welt, der ich so neugierig,
Und ohne Haut begegne, dass es mich fröstelt.
Wir bestimmen Kosmos.

Geist

Habe Blick in den Spiegel geworfen,
Es war grade nach Mitternacht.
Ein neues Jahr mit altem Hoffen,
So finster Nacht und trotzdem wach.

Ganz spärlich Licht in meinem Raum,
Ich blinzle in das Gegenüber,
Plötzlich steht neben mir, ich sehe es kaum,
Etwas wie ich, mit Augen dürftig trüber.

Schreck fährt durch meine Bahnen,
Blut schießt noch einmal schneller.
Bei allem Schwindel beginne ich zu ahnen,
Der da ist Geist aus meinem Keller,

Den ich so gut verschlossen dachte,
An dem nun wirklich kein Gedanke hing.
Weil er doch nur Bedürfnisse bewachte,
Zu deren Tisch ich lang schon nicht mehr ging.

Was glotzt der Kerl so dämlich frech,
Mir unverhohlen ins Gesicht?
Ist der denn wirklich echt,
Und wenn, hat das für mich Gewicht?

Kaum gedacht, da ist der Spuk schon weg.
Mir zittern lange noch die Glieder.
Ich rühre nicht sogleich mich von dem Fleck,
Doch weiß ich nun, der kommt bald immer wieder.

Abschied

Wo Du mich früher berühren wolltest,
Sticht nun Nadel für Nadel ein,
Die nicht nur schmerzen soll,
Sie muss auch fordern Blutes Zoll.

Dein Angesicht wandelt sich zur Maske,
Die abgerissen alles Wahre zeigt,
Das mit vielem Schmutz vereint,
Endlich im Abfluss versinkt.

Als ich Dich morden wollte,
Warst Du schon gestorben,
In den Höhlen Deiner Kälte,
Erfroren mit Goldstaub in der Hand.

Mich widert jedes Denken an,
Das mich an Deine Welt erinnert,
So heißt denn, glücklich sterben,
Fern Deiner zu sein.

Es kommt, was kommen soll,
Mit allem Schmerz und aller Freude.
Ich verblute, wann immer ich will,
Und alles ist so einfach schwer.

Zeichnung

Ach, was schneide ich mich zurzeit in Scheiben.
Dem einen schenk ich diese, dem anderen gönn ich
jene.
Dabei kann mir doch Volk gestohlen bleiben,
Was mich nur sieht, als Strich auf Papier fremder
Pläne.

Ich teil mich auf und spür nicht Rand,
Als wär mein Gegenüber weder wahr noch fassbar.
Wie leicht löst sich doch ewig geglaubtes Band,
Sieht einer auf Leinwandgrund ganz plötzlich klar.

Was da in tollsten Farben mir geschenkt war,
Wandelt sich nun zum Bild in Schwarz und Weiß.
So opfere ich manch wertvolles Gemälde auf dem
Altar,
Und kümmere mich nicht mehr um einst gefühlten
Preis.

Wertvoll ist eh nur das, was in mir schafft,
Auf Klinker, Lehm, Holz oder auch Haut.
Bin ich doch Stück von jener Kraft,
Die Böses will, letztendlich Gutes baut.

Ich halte alles Werkzeug in meiner Hand,
Nicht Schwung soll mein Gelenk nun missen,
Streich heute Böden und lehne an der Wand,
In die ich Stufen hau, um meinen Himmel irgendwann
zu küssen.

Glut

Wie schön ist es zu glühen,
Dass niemand wagt zu fassen.
Kein Lächeln muss ich mühen,
Kann einfach mich so lassen.
Geschnitzte Rituale,
In trocken Horn und Haut,
Verbrennen leicht, geb ich sie preis,
Dem Feuer meiner Zeit.

Und blicke nicht der Menge Öl,
Die dieser Flamme Nahrung gibt.
Denn fang ich an, mich drum zu scheren,
Lösch ich mir selbst des Brandes Glück..
Berge mit Kohle kalt,
Im Rücken meines Jetzt verraucht,
Geben noch Qualm und sind doch alt.
Am Morgen duftet das, was Leben braucht!

Komm zu spät!

Komm zu spät!
Zu den Terminen der Vernunft,
Den Erwartungen,
Die andere haben.
Und den Forderungen,
Die sich einstellen,
Wenn wir Zwängen erlauben,
Uns zu leiten.
Auf Gleise gesetzt,
Deren Weichen gestellt,
Bis zur Endstation,
Wird unser nicht sein.

Weder Plan,
Noch mäßig,
Setzen sich die Signale,
Für den eigenen Strahl.
Hängen nirgendwo an,
Was wir nicht wollen.
Hetze nicht,
Werd' warten auf Dich.
Komm zu spät!

Hermannbrücke

Vom Ausgang gehe ich zu den kleinen Tiefen, deren
Anblick mich erschaudern lässt.
Viele Farben versammeln sich auf meinem Stein,
Verlaufen nebeneinander in alle Richtungen.
Ein Gegenüber geht in der Zeit zurück,
Wirkt unentschlossen, welche Treppe soll es sein?

Werden immer mehr, die hoffen auf Ankunft,
Mit Ungeduld Dinge abwartend, die passieren.
Hin und wieder ein Blick zur Seite: Taucht es auf,
Was weiterbringt und das Ziel beschwört?
Gewiss, eine Tür wird sich öffnen,
Wie Positionen für den endlichen Einstieg.

Und ist der Tag dunkel, wird das Warten länger,
Als jeder Ton, durch den die Brücke schwingt.
Vibrationen rinnen von unten nach oben,
Annehmlichkeiten der verunsichernden Art.
Erwünscht, wenn Hoffnung direkt vor mir hält,
Was ich dir versprach und meinem Mich.

Tisch meines Lebens

Sitze vor dem Tisch meines Lebens,
Auf dem so vieles liegt.
Gläser halb voll,
Die Flaschen sind geleert.
Bilder in Farbe und Schwarz-Weiß.
Zwei Kerzen mit einem Docht.
Versprechen ohne Wort.
Schlüssel, die kein Schloss finden.
Fäden, die nichts verbinden.
Bücher, wo gelesen.
Träume schon gewesen.
Alles hab' ich gedeckt,
Nichts wird versteckt.
Jedes hat seinen Platz,
Den es gesucht, gewünscht, gedacht.
Und in der Mitte steht,
Die Blume, die so gerne lacht.

Halt

Hände greifen an manchen Tagen,
In Schubfächer, so leer,
Wie das, was sie noch tragen,
An Salz aus Totem Meer.

Ein Körper sinkt ganz ohne Geist,
Dem Grund entgegen,
Der seinen Augen Licht entreißt,
All seiner Kraft Vermögen.

Was rettet den Ertrinkenden,
Wenn nicht ein Füllhorn voller Träume,

Und den im Moor Versinkenden,
Die Äste seiner Bäume.

Weil sie noch wachsen, weil sie noch leben,
In jedem Moder Richtung finden,
Und Blatt für Blatt noch vorne streben,
Und wieder neues Fundament begründen.

Nur ist's, so wie bei jeder Tat,
Erst mit dem Griff danach begonnen,
Zähl ich mein Sein im Maß Karat,
Sind Hände voll, nichts ist gewonnen.

Ich halte nicht, was hemmt,
Und kann nur tasten, wenn ich bin.
Heut ist das Leid wie weggeschwemmt,
Was bleibt ist arglos Wahn und Sinn!

Ende?

Das Blau unserer Wolken,
War kein neues Wetter,
Keine weitere Episode.
Wir wussten bald,
Dass nur der Tausch,
Gesuchtes nicht ersetzt.
Stirn an Stirn,
Fernab aller Zeiten,
Ins Tiefste tauchen.
Jeder schöne Traum endet im Erwachen,
Gibt Kraft fürs Werk.
Er führt am Ende zu jenem Tor,
An dem der Weg begann,
Der ohne Ziel immer neu entsteht.

Und

Und fragte jeden Morgen neu,
Ob Geist nun an der richtigen Stelle weilt.
War ich in letzter Nacht mir wirklich treu?
Geht Elend in mir breit,
Wie jener Ruf, der vor mir eilt?
Wie Kraut war lange Zweifel innerst Begehren,
Gewuchert durch des Dunkeln Trieb.
Ich fand im Jagen nicht, die Stimme zu verlieren,
Mein Echo wurde Wert,
Gleich Beute der bestellten Diebe.
Geh, steh, gedeih im Angesicht meiner und Frieden,
Denn nach der Brennen Schmerz,
Geh ich auf warmer Flamme.
Der Richter in mir spricht: Hast recht entschieden,
Lass lodern Feuer,
Dem gestern du und heute ich entstammen.
Es gärte Faszinatives, wie Brühe als Gemisch,
Das eruptiert mir eine Gasse gießt.
Kann schwimmen drin, wie bunter Fisch,
Und bin jetzt der, den du derzeitig siehst.

Beneide mich

Das Glück nur einen Namen kennt,
Und Anfang wie Erfüllung scheint,
War Sehnsucht, mächtig, mir gegönnt,
Mit Hunger stets vereint.

Beneide mich um Dunkelheit,
Geschehen und verflossener Tage,
Es trennt sich die Vergangenheit,
Vom dem, was ich heut sage.

Mich finde ich im Lassen,
Es endet jede Suche,
Weil Hoffen kann nicht fassen,
Was innigst ich verfluche.

Wo ist der Grund für alle Hast,
Und für des Lebens Glut?
Gelöst von meiner Seele Last,
Tut Scheiden endlich gut.

Kam anders, als ich geh,
Es wechselt manches Kleid.
Ich falle, krieche, steh,
Bin oder nicht; von Zeit zu Zeit.

Neue Welt

Nun sitze ich lächelnd hier,
Und höre, sehe, fühle,
Die just vergangenen Minuten.
Ich denke ein Bild und bin.
Endlich und aufgewacht
Gerinnt der alten Wunden Lebenssaft.
Wer kennt den Fluss,
Den aller Schmerz,
Wohl fließen muss.
Was gibt es Schöneres,
Als vor dem Tor,
Einer neuen Welt zu stehen?
Ganz autonom und rein.
Bereit, am Liebenden,
Alles zu entdecken.
Wenn Zweier Hände sich vereinen,

Zum ersten zarten Griff,
Kann nichts auf dieser Welt,
Dies trennen für den Augenblick.
Falls Abschied heißt,
In Ungeduld sich freuen,
Das Wiedersehen Lachen schafft,
Dann wünschen wir den nächsten Schritt,
Und blicken nicht zurück.

Des Lichtes Kern

So wächst der Kern in seiner Frucht,
Bis er am Rand die Haut zersprengt.
Und tut dies ganz natürlich ohne Furcht,
Fühlt er sich doch im Innersten beengt.

Erblickt der Spross das Tageslicht,
Steigt Übelkeit in ihm empor.
Niemals gesagt, er ahnte nicht,
Dass er den Schutz der Dunkelheit verlor.

Licht dringt, Licht springt in jede Pore,
Und wirft den Schatten ins Gesicht.
Erschrocken meldet sich die Sorge,
Nennt Sicherheit als oberstes Gewicht.

Sollte der Kern, im Keim erstickt,
Die Freiheit zur Farce degradieren?
Nein, er sprießt wie toll und verrückt,
Wird alle schalen Schalen endlich verlieren.

Sucht

Viele Süchte durfte ich in meinem Leben leben.
Mich hingeben dem, was in andere Welten trug.
Mit aller Heuchelei und leichtem Eingang,
War dann die Ausgangstür so tief versteckt.
Dass ich sie fand, das war mein Weg.
Nun steh' ich hier und bin im Reinen mit all dem.
Doch blieb ein Laster und dem sei Dank,
Es blieb die Sucht nach mir.

Wünsche

Fernab aller Zwänge
In Dämmerungen leben.
Zorn verlachen,
Der Tags entsteht.
Betrachtungen offenbaren,
Ohne Lebensstau.

Erkennen, es treibt,
Die Vergangenheit.
Spielend tun,
Was unser ist.
Lieben und vergessen,
Dass es eine Welt gibt.

Wert

Und doch ist alles Material,
Nur Ablenkung!
Wenn das, was ich als Schaffen definier,
Sich hängt an fassbare Strukturen,
Ist es halt eben und auch beliebig austauschbar.
Und ich?
Gezogen, in eben solchen Welten,
Tu schwer mich mit dem Freisein.
Strebt doch kein Nebenmir,
Dem Nichts, das alles ist, entgegen.
Und auch fall' ich zurück,
Dann in Gedanke oder Wunsch;
Jedwede Taten folgen dem nicht.
Was kann ich dir denn von dem geben,
Das, wie Teig noch in mir geht?
Und wieder lern ich spazieren,
In dem alleinigen Prozess,
Des Gärens und sich wandeln.
Finde Geschmack am Geist,
Weiß heute nun, wie er mir schmeckt.
Und so schlage ich diese Thesen an mein Bild:
Grundsätzliches ist ohne Zeit und Verdienst!
Bisweilen kann ich beides tauschen!
Danach darf nie wie das davor sein!
Kein Außen bestimmt mir meinen Wert!

Flüchten

Nie will ich tauschen,
Sekunden der Glückseligkeit,
Mit jahrelangem Rauschen,
Gesättigter Zufriedenheit.

Die kürzeste Liebkosung,
Mit engstem Gefühl,
Ist innerste Erlösung,
Aus verworrenstem Gewühl.

Nach Fluten steht viel an,
Wenn Geist uns endlich lässt.
Ich frage nicht: was kann?
Alles natürlich wächst.

Verstehe grad im Düstern:
So fühlt sich Leben!
Und lausche jedem Flüstern,
In meinen Schützengräben.

Schmerz, der noch dauert,
Leid will mich greifen.
Ich steh gemauert,
Werd' auf das Flüchten pfeifen.

Inferno

In mir ist Glut gelegt!
Ich war es, der gezündelt hat,
Der in trocknem, alten Holz,
Die Funken springen ließ.

Nun lodern Flammen,
In ungekannte Höhen.
Und nähren meinen Geist,
Mit mancher Augen blendender Helle.

Jede Böe, die heute bläst,
Stärkt nur die heiße Kraft.
Auf kalte Böden Asche fällt,
Fern all' entwurzeltem Inferno.

Mein Geist biegt sich,
Bei vergessenen Graden.
Verkohlt Verbrauchtes,
Und wandelt sich voran.

Im kühlen Kern der Flamme,
Ruhen und finden wir.
Der Rest verbrennt,
In andrer Sterne Licht.

Wie zwei

Ich hab geträumt, ich war wie zwei.
Wie Meer und Fisch oder Glück und Unheil.
Von jedem Gedanken war das Gegenteil dabei,
Und ich zog von beiden Seiten an einem Seil.
Hier wollte ich ausschließlich meine Hände sehen,

Dort hoffte ich, Geleit wird frech mir angetragen.
In Hektik und Verkehr musste ich plötzlich stehen,
Die Antwort wissend, nach meiner Anschrift fragen.
Im Lärm der Nacht hielt ich den Mund verschlossen,
Um bei Morgengrauen still mit den Lerchen zu schrei-
en.
Ich aß und hungerte, wie alle Zeitgenossen,
Die sich von einer Dimension befreien.
Ich zechte ohne Durst, verdörrte fast am eigenen Sein,
Während mein Gegenüber im Sande schwamm und
dann ertrank.
Nun wurde ich wach und blickte rasch mir meine
Seele rein,
Da schlief das andere Ich und war doch da.
Ach, Gott sei Dank!

Zeitlos

Haar umgibt die Augen,
Wie ein Tor offen und echt.

Und Seele wallt. Endlos.
Kann sehen Klarheit tief.

Fragen, lautlos im Ton der Stunde,
Verzaubern gefühlte Zeitlosigkeit

Kein Suchen nach dem Vorne.
So wie es kommt, ist es auch gut.

Weites Land liegt brach.
Bestellt wird freier Grund.

Vögel schweben über Felder Ernte,
Und sähen schon der Frühlings Fron.

Noch steht bevor der Kälte Eis,
Doch irgendwann, alles Geschichte!

So sammeln wir und finden,
Der Sonne Gegenspiel, den Mond in uns.

Wieder

Im hellsten Schein der Mittagszeit erfahren,
Dass alles so nicht gemeint war.
Kristallglas zerspringt in Sekunden,
Und unsichtbare Stimmen diktieren.
Donner, Blitz und Wasser spülen hinweg,
Was durch blickende Worte entstand.
Aber nach jeder Verspätung,
Steht da plötzlich und ohne Plan,
Ein Mensch, der nicht den Zweifel,
Als Erstes auf uns stellt. Sondern sich freut.
Und wir wärmen durch die Einfachheit.
Ein ewiges Wiederanfangen.

Selten oft

Wenn Begegnungen sich häufen,
Wird die Zeit der Enthaltsamkeit kommen.
Dem Schönen ist der Überfluss ein Feind.
Das Seltene führt uns ins Extreme.
Im monotonen Rhythmus der gewohnten Wechsel-
spiele, gehen die Tage verloren, die wir morgen ver-
geblich suchen.

Oft den gleichen Bildern folgen,
Wirkt wie das Bremsen mit geschlossenen Augen.
Nach den erstarrten Welten,
Wartet wieder der Garten der Sekunden.
Mit süßem, schweren Wein,
Der Poren öffnet und Nebel über alles legt,
Das nicht die Unsichtbarkeit der Spontanität schützt,
Verzehren wir dann unser Mahl.

Danach

Das Licht wird schwach,
Mit jedem Tag, es ist die Zeit danach.
Die Hitze geht,
Mit einem Schlag sind wir vom Wind verweht.
Schon wird das Feld,
Schnell abgemäht ich hab es so bestellt.
Ein neues Korn,
Hab ich gesät, nun drängt der Pflug nach vorn.
Die Nacht wird lang,
Und kurz mein Blick. So ist der Zeiten Gang.
Der Halt lässt nach,
Was bleibt zurück? Es ist die Zeit danach.

Wir

Wir sehn der Sterne Licht, das längst erloschen,
Millionen Mal nach ihrem Tod.
Und lesen manches Buch,
Gleichwohl die Augen starr auf weiße Blätter blicken.

Wir stellen uns der Schauer, eiskalt und siedend heiß,
Die über Haut und Geist sich gießen.
Und schreien Wort für Wort in unseren Kopf,
Von dem doch kein Gedanke je nach außen dringt.

Wir sterben mit dem Nichts in ausgestreckten Armen,
Das nach Geburt und Sonne, Dunst und Nacht ent-
steht.
Und nähren, stärken gottgewollt mit diesem Trauer-
spiel,
Garbe und Blüte unserer Natur; das Individuum.

Scherbe

In gegriffenem Sternenstaub,
Reißt ein Splitter Wunden in mich.
Und ich kann nicht loten,
Woher das Stück geflogen kam.
Oder war es eh schon in dem,
Was ich in den Händen halt,
Die schmerzen, beinahe endlich,
Glühen auf ganz andere Weise,
Als ich es aus mir kannte.
Etwas, das wer in mir ahnte?
Buchstaben gewohnter Sensationen,
Fallen von den Leuchttafeln etablierter Bühnen,
Auf den Asphalt nackter Blässe.

Und zeugen keinen Bruch,
Sondern liegen mir lesbar und offenbar,
Am Boden völlig unsortiert und ohne Sinn.
Gehe weiter und mühe jeden Schritt,
Nicht diese Reste zu betreten.
Wie einst als Kind auf Plastersteinen,
Mein eigenes Muster suchend,
Von Klinker zu Klinker springend,
Bedacht doch nie den Rand zu treffen,
Der mir als Grenze, Abgrund und Verlust erschien.
In einem Spiel der eigenen Regeln,
Fand ich genug an Ausnahmen,
Die mir Erfüllung mit jedem Satz verbürgten.
So war's im Frühling!
Nun soll's im Herbst ganz anders sein?
Der Sprung ist weiter vehement,
Und kratzt sich nicht ums Jahreslicht.
Dem Tanz ist die Musik gewiss!
Was kümmert da der Bäume Ringe?
Ich hebe hoch die Fülle,
Lass alles über mich heut rieseln,
Und spar der Scherbe jenen Platz,
Den sie mit ihrem Bruch gesucht.

IN SEGUITO

Höhenangst

Es raubt mir Leben,
Jeder Schlag in der Brust,
Der Strom durch Bahnen zwängt,
Die Jahreszeit mir enger macht.

Ich sauge Wolken auf,
Um der Geschmeidigkeit willen.
Treibe allen Schmerz,
Aus mich und geliehenem Leib.

Staccato alter Schritte,
Hallt durch einen Albtraum.
Haftung verliert sich im Vergessen,
Und Kuratel ertrinkt am Morgen.

Wirklichkeiten der Vergangenheit,
Graben tief in den Süchten der Frühe.
Aber alles ist ohne Bedeutung,
Gebe ich meine Beschaffenheit auf.

Dem Dehnen hin zur Exosphäre,
Strebt ein Band entgegen,
Welches Höhenschwindel bindet,
An ein geschlossenes System.

Wohin mein Blick sich wirft,
Kein Zufall und wird Haus.
Was weiter geht, ist Flug,
Durch ursprünglich aparte Form.

Wesen

Als Wesen bin ich glatt wie hingefegt,
Und tauche ein in Welten, die nicht mein.
Quasi ein Gast, den nicht bewegt,
Dass jemand diese engen Räume nennt ein Sein.

Genieße hier und da den warmen Flur,
Der mich in fremde Zimmer führt.
Stell mit dem Eintritt mir die Uhr,
Dass morgens weiter Luft an meinem Feuer schürt.

Und tanze wie ein weißer Wolf im Schnee,
Um denn, der mich so gerne fangen mag.
Kratz ihm den Sinn aus der Idee,
Die Nacht in mir wäre sein Tag.

Es schleicht ein Chaos mir ums Wollen,
Dass ich verworfen und behäbig bin.
Unlust und Tag würden wohl zollen,
Vom Bande unter meinem Kinn.

Doch wo ein Brot im Eise liegt,
Ist seichtes Wort kein Schmelz.
Was euch als Gold auf einer Waage wiegt,
Nährt mir kein Haar auf meinem Pelz.

Ein Fingerbreit Vergangenheit,
Stolzierte ich in meines Boden Fass.
Die Zeit schwillt nur als Möglichkeit,
Wenn ich das Wesen sehe und verlass.

Umkehren

Wie nackt steh ich vor meinen Karten,
Und frage nach dem Drinnen, nach Begehr.
Werd müde von all dem Warten,
Trauer um Zeit, die ich verzehr.

Zittern fällt leicht auf meinen Schoß,
In den ich Klauen niedersinken lass.
Mir fehlt zum Glück der letzte Stoß,
Zum Pech der tiefe Hass.

Verschwende Stund für Stund,
Mit lauem Fahrtenwinde.
Dreh mir das Neuneck herrlich rund,
Bis ich den Ausgang nicht mehr finde.

Wo Kostbarkeit mich wecken müsste,
Hält Trab den Wagen in der Spur.
Ich gönn' mir Trieb und Lüste,
Geplant wie's Ticken einer Uhr.

Es rinnt das Wünschen nach der Leere,
Mir Nacht für Nacht durch den Verstand.
Kein Schatten mehr, den ich mir nähre,
Hält meinen Schlägen stand.

Kahl fällt Geschöpftes frei,
Und übrig bleibt die Asche des Gedachten.

Gezeiten

Wenn die Blütezeit kommt,
Taucht sich der Globus in Wein,
Wie Stempel auf der Tinte,
Drückt Luft mich ein.
Ein Werkzeug gräbt aus,
Dem Dschungel mein,
Ich, das verfroren war.

Wellen über Fingerkuppen,
Treiben Schmelz in Rinnen,
Blättern zwischen Lebensjahren,
Gehen auf im Wahn von Sinnen.
Schmecke Moos unter Zungen,
Die Schaum aus Speichel gewinnen,
Der älter sich erfriert.

Plötzlich steht für All und Tag,
Ein Rückgrat, das uns ersticht.
Auf hartem Bodenfrost,
Tragen Äste Keim und Licht,
Und Willen über Dasein.
Wo weder Neid noch Hass uns bricht,
Leben wir die Gezeiten.

Sieben Sätze zum Glück

Glück in uns ist und muss, nach meinem Verständnis, immer etwas von anderen Menschen Unabhängiges sein. Ein „Ich leg mein Glück in deine Hände", ein „Du machst mich glücklich." heißt delegieren. Es ist ein Bestreben in uns und doch nichts anderes, als die

Beschreibung eines Ereignisses mit günstigem Ausgang.

Glück entsteht, wenn man Sokrates anhängt, aus einer tugendhaften Lebensführung und einer Ideenordnung, der das Gute innewohnt. Schopenhauer hält das Streben nach Glück für einen angeborenen Irrtum.

Die Unverfügbarkeit des Glücks ist ihr notwendiger Bestandteil, es bedingt sich dadurch und ist damit im Reinen, sich nie wirklich zu begreifen. Und Selbstliebe ist die „Conditio sine qua non“.

Was ich bin

Im Leuchten meiner Hoffnungen,
Strahlt die Angst am hellsten.
Wo doch alles, was mich quält,
Mir Dunkelheit verspricht.
Über Meeren schweben Menschen,
Die mich fragen, wie es geht,
Und sind mir Gegenüber,
Bevor die Antwort gilt.
Ich denke mir das Teil ja nur,
Weil ich's schlussendlich bin,
Der übertreiben darf,
Im Sterben wie im Leben sinken kann.
Es greift mich weder Lust noch Zwang,
Zu geben Sud all meiner Tage,
Zwingt nur, was ich nicht denken darf,
Auf ein Tablett gehasster Nächte.
Gelehrte, müde Hülle,
Trieft mir im Kehlengang,
Schmerzt Tropfen auf die Seele,

Der ich am Tage folgen kann.
Kein Wunder sticht mein Herz,
Kein Zufall lichtet sich,
Mit allem, was ich bin,
Steh ich verwirrt vor meinem Ich.

Kehren

Es gibt kein Halten,
In dem, was mir verblüht,
Im Schauen auf ein Welken,
Das Blätter mir aus Händen nimmt.
Gestehen auf dem Trümmerberg,
Gerundet von Vergangenheit,
Lässt frösteln in mir eine Zeit,
Der ich mich glaube heut so weit.
Von oben tropft eiskaltes Werk,
Dass Wurzeln brechen für den Tag,
Und freie Hand entwächst dem Zwang,
Der mich aus Grund und Boden fegt.
Bleibt das, was haften muss,
Geteilt vom Licht, von der Gestalt,
Wie Schlauch, der sich nach innen drückt,
Mit aller Kraft auf mein Gesicht.
Kehr Spinnenweben aus,
Trenn öde Schicht für Schicht,
Erlebe mir, was Leben sein kann,
Vertone still mein Schattenlicht.

Ungleich

Begreif der einen Welt gefühlte Konsistenz,
Mit ehrlich tauber Stimme,
Und greife mir den Sternenstaub,
Im opportunen Kosmos.
Finde hier wie da Portionen meiner,
Doch bleibt das Ganze mir verborgen.
Ein Band zieht meinen Geist entzwei,
In heterogene, gleiche Teile.
Kann das eine nicht sterben,
Das andere nicht leben.
Trink mir mein Glas halb voll,
Und halt nichts Wahres in der Hand.
Als wenn der Kreis zwei Ecken hätte,
Tanz ich um eine Zeit,
Die mir nicht bleibt,
Denn schneiden muss letztendlich ich.
Mir graut vor Tropfen und vor Stein,
Vor Licht und letztem Wort.
Mich sehnt nach Anonymität,
Dem schwarzen Loch für beide Welten.
So sind die Nächte ungleich schwerer zu ertragen,
In denen ich ums Niemand kreise,
Als Tage der Betriebsamkeit,
Die ich für einen Jemand geb.

Was tat euch Göttern ich denn an?

Was tat euch Göttern ich denn an,
Dass ihr mich überschüttet habt mit soviel Glück?
Es stand indem der Kübel Schmerz,
Zu euren Füßen, hoch oben über mir.

Warum quält ihr mich mit Liebe,
Stellt teuerste Menschen an meine Seite?
Ihr wisst um alle Macht der Einsamkeit,
Und stecht mir doch ein Herz in meine Seele.

Wie viele Tränen habt ihr aus meinen Augen gepresst,
So nun die Quelle ist versiegt?
Trocken bröckelt Staub auf meine Stimme,
Stumm im Taifun und stöhnt mit jedem Frühling.

Wer suchte mir mein Bühnenspiel,
So sehr wie ich, der Narr der Narren?
Wie dröhnt im Hades das Gelächter,
Wenn wieder in mir Bilder tanzen!

Wann schlägt die Stunde mir,
Scheinbar zum Höchsten auserwählt?
Ich wähnte fast am Ziele mich,
Und hab doch nur den einen Schritt gesehen.

Wo steckt der Kelch, der niemals geht,
Der Grund war, dass ich trinken lernte?
Was tat euch Göttern ich denn an,
Dass ihr mich überschüttet habt mit so viel Glück?

Die Sterne warten

Die Sterne warten,
Häng ich auch in den Seilen fest.
Rüttle vor, wieder zurück,
Stehe aufrecht kopfüber im Fall.

Es blenden ferne Malereien,
Den Blick auf mich.
So will ich niemals sein,
Trabant um dich.

Schritte in der Nacht,
Halten Träume wach.
Wir sind Kinder unserer Zeit,
Du und ich.

Bahnhofsmission

Das Ticket in der knöchern Hand,
Den Koffer voll mit Hab der Tage,
Wart ich auf einen Zug ins Heimatland.
Die Unterkunft der letzten Zeit,
Verlassen und mit Glut bezahlt,
Wartet auf mich Alltäglichkeit.
Wehmut vergreift sich an dem Halt,
Dem staunend jedes Abenteuer wuchs,
Bis hin zur traurigsten Gestalt.
Doch ist das Ende ja entschieden,
Und Werdegang als Freizeit definiert,
Die Endstation heißt Seelenfrieden.

Endlich treffen Zug und Wagen ein,
Tobt Reisende durch Türen,
Ins unbewusste Sein.
Ein Fensterplatz ist mir gewiss,
Nur eine letzte Stufe noch beschreiten,
Dann rase ich zum Kompromiss.
Die Pflastersteine der Station,
Lenken zum Droschkenplatz,
Geschätzter Illusion.

Zerknülle meinen Fahrschein,
Und steige ohne ins Abteil.

Während

Während draußen die Menschen toben oder tanzen, es ist der 1. Mai 2010, habe ich die Vorhänge zugezogen, keinen Fuß heute vor die Tür gesetzt und einen großen Teil der Tageszeit mit Nachdenken verbracht. Ein Tag, an dem mir niemand wirklich nah ist und ich diese Zweifelhaftigkeit am eigenen Leib spüre, die vor wichtigen Entscheidungen in uns lodert. Außerhalb meines Platzes weiß ich mir lieb gewordene Menschen, die entweder ihrer Pflicht nachgehen, oder ein Abenteuer suchen, oder die sich einfach vergnügen.

Nun ist es mein Schicksal, das ich dies alles simultan tun muss, und so erklärt sich meine Apartheid. Freilich sind es andere Pflichten, Abenteuer und Vergnügen, die an diesem Maitage stattfinden, aber zusammengenommen sind es drei Spitzen, die ich sehe. Vereint in einem Gipfel, der als Abschluss auf dem Berg thront, in dessen Wand ich heute hänge.

Es gibt kein zurück, zu viel Kraft ist genommen, als dass ein kontrollierter Abstieg noch möglich wäre;

allenfalls ein Stürzen, wenn ich vom Felsen lasse, bietet der Berg an. Mit dem Resultat zerschmettert zu werden, wenn der ohnmächtige Körper auf den Boden prallt, von dem aus er seinen Aufstieg begann.

Damals hing noch Altvertrautes an mir und es war ein schleppendes Beginnen, aber da war ja unglaubliche Kraft. So ging es voran und je höher ich kam, desto mehr Ballast verlor ich, und zeitweise erklomm ich in einem mir den Atem fast raubenden Tempo das Hochland.

Keiner Seilschaft hatte ich mich angeschlossen, nur allein konnte dieser Berg bestiegen werden. Und nun hänge ich im wahrsten Sinne des Wortes an einem Stein, der immer direkter und ungreifbarer wird. Mein ganzer Körper presst sich gegen die Wand, so als wolle er an ihr kleben. Nichts Deutliches zieht mich mehr hinab, keine bleiernen Gewichte fordern meine Muskeln, die vor Erschöpfung schmerzen.

Etwas Stärkeres hält mich auf: Gedanken! Sie rauben Energie und Selbstbewusstsein, verfälschen meinen Blick und irritieren den Instinkt, der mich doch bis hierher gebracht hat. Und da die Kräfte schwinden, bleibt kein Platz fürs Komplizierte. Hier und jetzt blicke ich nichts mehr, spüre nur noch die eisige Kälte, je höher ich komme. Und eine Luft, die diesen Namen nicht verdient, lässt meine Lungen brennen und sich wünschen, sie wären nicht Bestandteil meiner.

Heute offenbart sich mir nur Raum für einen Ge danken: Geh noch einen Schritt weiter. Und wieder: Geh noch einen Schritt weiter. Nicht mehr. Denke immer nur diesen Schritt. Zu mehr reicht es nicht. Hoffe, dass du noch genug Schritte gehen kannst, um den Gipfel zu erreichen. Aber selbst für die Hoffnung ist kein Platz im Glasperlenspiel.

Kälte und Einsamkeit locken mich mit dem Ruf nach Schlaf. Wie gern möchte ich dem nachgeben und endlich Ruhe finden, einschlafen und nicht mehr aufwachen, denn erfroren. Ich fand so manchen Felsvorsprung, auf dem ich ausruhen und liegen konnte, immer mit der Angst einzuschlafen. Manchmal trieb mich eisiger Sturm weiter, ab und zu ein Ruf, bisweilen ein Sonnenstrahl. Heute muss ich alles in mir abschütteln, jede Sucht und Rücksicht, denn genug ist verzehrt von dem, was als Proviant ich mir packte.

Es ist der 1. Mai 2010 und draußen toben und tanzen die Täler. Ich höre sie nicht mehr, weiß sie doch da und lösche die Erinnerung daran, weil dieser eine Gedanke alles von mir begehrt: Geh noch einen Schritt!

Pole

Starre in leeres Glas,
Sehne mir volles Maß.
Treib Schatten in Lasur,
Aus Lichtern meiner Natur.
Grenz los zum Horizont,
Grab tief durch jede Front.
Vertraue aller Idiotie,
Mehr als dem Herdenvieh.

Das Siegel

Wenn uns Licht das Siegel öffnet,
Sehen wir die endlose Stille,
In der es keinen Hunger, keinen Durst gibt,
Sondern Einbildung und Fallen.
Zerschmetterndes Glas betet sich ins Reine,
Und alle Wärme wandelt zu Frost,
Heilig erscheint aus dunkler Unterkunft,
Nur jenes Fest tönender Nichtigkeiten.
Vor welchen Pforten ein Mein steht,
Entscheidet sich in Schlachten,
Mit dem, was mich umgibt,
Mich umhüllt, erinnert und vergisst.

Elementar

Um uns schlagen sich Puls und Betonung,
Mit Werten sterbender Gesellschaften.
Wir hüllen in Membranen ein,
Elementare Klänge und Skulpturen.
Von unten wächst ein Griff ins Herz,
Kein Schlüssel öffnet jenes Warten,
Dem alle Lüfte, die wir brauchen,
Schoß, Gabe, Hoffnung sind in einem Zug.

Es schleicht, was Front nicht zeigen darf,
Und bellt dem Ozean entgegen,
Tropfen gedrängtester Gestalt,
In Lähmung Minimum sich zu ergeben.
Die Salbe deiner, meiner Wesen,
Gewonnen nur aus beider Seelengut,
Streicht sich als Melodie,
Auf Hände des Vertrauens.

Nur eine Handvoll Sand

Ich bin kein anderer,
Nach meinem Ritt durch Nacht und Wind.
Die Geister, die ich rief,
Radieren Wolken bis zum Horizont.

Geschätzte Wichtigkeiten,
Verloren sich im Hinterland.
In Satteltaschen halt ich fest,
Nur eine Handvoll Sand.

Eingebüßt manche Figur,
Der ich so zugeneigt einst war,
Finde Markt, wo Platz ich dachte,
Geh fern von dieser Schar.

Es hält im Zaum mich nichts,
Was ohne frisches Blut gerinnt.
Starr Herzensketten ins Gesicht,
Mit alten Augen, wie ein Kind.

Kein Augenblick gleicht meinem,
Streck Fingerspitzen dir entgegen.
Nur wo wir atmen wollen,
Können wir leben.

Da

Fall ich wie Tau von einem frischen Blatt
Und drohend nähert sich der faule Grund ...
Stürz ich auf einen Hügel aus Gedanken
Und kann nichts Gutes mehr entdecken ...
Verbrennt das Holz in meinem Herz
Und Rauch will mir das Licht erlöschen ...

Geht mir die Kraft auf fremden Wegen
Und eigen Sog zieht mich hinab ...
Verlier ich Glauben an das Wollen
Und will im Kerker Blumen ziehen ...
Verlassen mich die alten Weggefährten
Und Stock wie Stein liegt töricht rum ...

Such ich am Tag die Geisterstunden
Und zwing die Nacht mir in die Sonne....
Grab ich der Elster Nester aus
Und werd vom Glanze unbedacht ...
Schütte ich tausend Tränen aus
Und dörre wie ein letzter Ast ...

Weiß ich doch um den Satz:
Auch da bist du.

Brot um Mitternacht

Es duftet nach frischgebackenem Brot. Eine Kerze
brennt, vielleicht noch zwei, drei Stunden, und wenig
Licht reicht, um die Stimmung zu zaubern, die ich
wohl seinerzeit sehnte, als ich aufbrach etwas zu su-
chen, dessen Form mir unklar und dessen Ort mir
unbekannt war. Ich treibe in meinem Raum von Zeit

zu Zeit, von der keine besser oder schlechter war; jede eigen und verzehrend, voller ertränkter Träume oder der Leere, die uns nach verlorenen Schlachten begegnet und die in unserem Herzen eine lichtlose Hölle schaffen kann, aus der es ein Schweres ist, zu entrinnen, nichts zu vergessen, sondern sich zu wandeln in den eigenen Lebensweg.

Entspannt starre ich an die Decke und lausche Klängen, die mich über so viele Bahnhöfe begleitet haben, die mir nie die Möglichkeit ließen, mich vor einen Zug zu stürzen. Den kurzen Moment des Schmerzes einzutauschen gegen unendlichen Frieden.

Gleich öffne ich das Fenster und wechsle die Atmosphäre des Abends, der auf dem Weg zur Nacht ist, mit der Frische kühler, feuchter Dämmerung, die mir Energie geben will, wo ich verbraucht habe.

Doch noch bleibe ich hier liegen und sauge jeden Reiz in mich, schwebe auf einem Teppich verantwortungsloser Zeitlosigkeit in Wolkenwelten, in Schäume, in nie enden werdende Erinnerungen an die Zukunft, die mir das Vergangene klären und das Heute als Frühstück servieren, hin zu einem Ort, den ich gefürchtet haben muss, denn nur so lassen sich die Weichen erklären, die ich gestellt habe, vor einer Zeit, die mir so weit weg erscheint, wie vieles, was damals nah war.

Nichts von dem, was hinter mir ist, kann wehtun, nichts von dem, was in mir ist, kann falsch sein, nichts von dem, was auf mich wartet, soll heute sein. Einen Moment braucht es noch, dann ist aus einstigem Teig eine Masse entstanden, von der ich mich nähren kann. Und durch die weit geöffneten Fensterflügel strömt Dasein, vereint sich mit Stimmung, Melancholie und Hoffnung, mit Haut und Haar. Mit mir.

ACABAR

Als wenn die Jahre nie sich zehrten

Als wenn die Jahre nie sich zehrten,
Kam mir der Lauf der Tage vor,
Und wo im Korb sich Stimmen schwörten,
Da sang mein Herz mit dir im Chor.

Spät schlägt uns heut die Stunde,
Wenn Alben wir ins Feuer treiben,
Und starren auf die neue Wunde,
Durch der als Narbe wir verbleiben.

Kaum reicht die Luft zum Atmen,
Zuviel ums Sterben sollen,
Befinden trägt mit beiden Armen,
Ein Lied vom Sein so wir denn wollen.

Mit Klarheit nun berauscht,
Geb ich mein Korn der Mühle.

Alter

Es ist eine Eigenschaft des Alters, dass Erlebtes nicht, wie etwa Erwartung und Anspruch, genommen werden kann, sondern Form gibt dem eigenen Wesen, welches nun weniger treibt, als dass es welkt. Wir können der Zukunft beraubt werden, aber nicht der Vergangenheit. Ist das nicht ein unermesslicher Vorteil gegenüber der Jugend? Der Hort in uns, dessen wir sicher sind, ist doch um so vieles größer als die Hypothek eines Vielleicht. Bei jedem Signal des Körpers schwingt im Alter dann auch eine gleichartige Welle unseres Geistes mit. Erleichterung verspüren, weil eben vieles sich fügt. Dem Weniger mit Ungeduld

begegnen ist schlicht nur Relikt. Ohne Überheblichkeit
hier einen Schritt zurücktreten, was oft als Platzma-
chen benannt wird, geschieht im Einklang mit den
forschen Energien, die uns Alte einst in die verrückten
Bahnen lockte, die wohlfeil wieder und wieder von
Generation zu Generation begangen sein wollen. So
streben wir nicht mehr, sondern geben uns den Wer-
ten hin, die wir erobert haben mit jedem Gefecht, das
auf Dasein und Verlust geführt wurde. Unerschütterli-
ches ist entstanden; keine Aussicht oder Möglichkeit
hat solch tiefe Struktur, die uns zu dem Tor führt, aus
dem wir einst traten.

Für die Ostsee

An der Straßenecke liegt das Gold,
Dem ich Jahre meiner Tage gab,
Teils gezwungen, teils gewollt,
Führt die Spur mich durch ein Grab.

Unter Wellen schäumt der Rest,
Über Wolken starten Flieger,
Wie ein Pilger auf des Marktes Fest,
Feier ich den Tod als Sieger.

Tanz mich ins Geborensein,
Mit dem blauen Schuh der Kühle,
Wärme dringt durch Höhlenstein,
Weckt den Eismann der Gefühle.

Riesenfuß auf kleinem Globus,
Drückt behutsam Kontinent,
Schwere gleitet, Schwere muss,
Bauen Herz mir aus Zement.

Freilichtbühne auf der Flur,
Öffnet Vorhang heut für dich,
Und zum Spielen braucht es nur,
Ernsten Spaß und Glück mit sich.

Auf Deutsch gesagt

Ich bin kein Sprachengenie. Ich beherrsche eine einzige Rede, die der deutschen Sprache und kann mich darüber hinaus nur noch in der englischen Verständigung ganz leidlich mitteilen. Alle weiteren Sprachen sind mir Labyrinth und nie verstandene Hieroglyphen, gleich der Cheopspyramide und ihrer Inschriften. Resultiert daraus meine fast absolute Liebe zur deutschen Sprache? Aus dem Unwissen? Nun, ich hätte ja einen großen Teil meines Lebens damit verbringen können, Französisch, Spanisch, Russisch, Suaheli oder Japanisch zu lernen, um dann vergleichend mein Urteil zu fällen. Aber ebenso hätte ich eh nie allen Sprachen unserer Welt begegnen können, es bliebe doch nur eine engere Auswahl. So bin ich also in der Zuneigung zur Muttersprache ohne schlechtes Gewissen, im Gegenteil, ich werde mit dem Altern immer vertrauter mit dem Gedanken, dass sie zu mir gehört, wie ein Teil meiner Seele. Es muss nicht erwähnt werden, aber da ich in einer Zeit der gelogenen Missverständnisse lebe, sei es trotzdem gesagt: Hier findet keine Herabwürdigung anderer Völker statt, sondern unter anderem eine Liebeserklärung der lingualen Art.

Wenn man hineingeboren wird in eine Zeit, die das Sprechen pflegt, und die es als ein Vergnügen empfindet, Feinheiten in Formulierungen zu suchen und zu geben, die sich Diskussionen als einen Wettkampf

auserkoren hat, aus dem keiner als Verlierer hergehen
kann, sondern nur eine Aufgabe mitnimmt; die Analy-
se des Gehörten und des Gesagten, dann legt man
Wert aufs Wort und aufs Schweigen.

Aber heute mag ich gar nicht so weit ausholen wol-
len, als gälte es, eine umfangreiche Arbeit zu verfassen.
Mich trieb eher ein Umstand zu diesen Zeilen, der
recht schlicht und alltäglich ist, und der mit Sicherheit
dem Leser auch schon widerfahren ist. Nämlich der,
dass einem ein einziges Wort von einem Moment zum
anderen fremd oder falsch vorkommt. Ein Wort, über
das man sich vorher nie bewegende Gedanken ge-
macht hat, das, wie selbstverständlich über die Lippen
kam und das keinerlei Interpretation bedurfte. Plötz-
lich urteilt man immer wieder über dieses eine Wort,
man spricht es dann laut mehrmals aus, später er-
scheint es immer skurriler und schließlich wird man
sogar in der Rechtschreibung unsicher und man fragt
sich, wie man dieses Wort lange Jahre so selbstver-
ständlich nutzen konnte, ohne seine Zwiespältigkeit zu
erkennen. Mir begegnete heute so ein Wort: das Wort
Enttäuschung. Es steht nicht für etwas Positives. Eher
für Kummer, Not, für die Schattenseiten des Lebens.
Ich, zum Beispiel, war enttäuscht worden und wollte
ergründen, was es damit auf sich hatte, oder auch, wie
ich damit umzugehen gedachte. Also meditierte ich
über dieses Wort und bald waren alle Nebel verflogen.
Ich erschrak über die Einfachheit, die sich mir darbot.
Und vielleicht wird der Leser dieser Zeilen gleich
denken: Ja, natürlich bedeutet es jenes. Aber ich bin
mir nicht sicher, ob die meisten diesen Zusammen-
hang so bewusst wahrgenommen haben; er wird sie
weitertragen, wenn sie wieder einmal das Wort Ent-
täuschung denken, sagen oder nutzen. Eine Täu-
schung entweicht, verflüchtigt sich, entfernt sich von

uns, ist nicht mehr Bestandteil unserer Gedanken und Handlungen. Wir haben uns getäuscht oder wurden getäuscht, erkennen dies nun und sind enttäuscht. Ergo befreit von der Täuschung, und so gesehen steht dieses Wort plötzlich für eine positive Wendung, die man dem Wort doch vorher nie zugetraut hätte. Und einen Schritt weiter wartet schon der Gedanke, dass uns jede Enttäuschung leichter macht, Schatten nimmt, die den Blick auf unsere Bestimmung trübten.

Wenn ich mich auf die Suche nach einem Menschen begebe, der mir Gegenpol und große Liebe ist, dann begegnen mir einige, bei denen vieles stimmt, und je länger meine Suche dauert, desto mehr bin ich bereit, über einiges und immer mehr hinweg zu sehen und Kompromisse zu schließen. Dass wir uns nicht missverstehen, ich meine keine Diplomatien mit dem Gegenüber, sondern die Mittelwege in mir. Und (ach, geliebte deutsche Sprache) damit ich nicht enttäuscht werde, nehme ich lieber den Spatz in der Hand, als die Taube auf dem Dach. Eine gewisse Phase lang kann ich mich auch an dem Spatz erfreuen und den Blick nach unten wenden. Aber mit der Zeit werde ich immer öfter nach oben schielen, ob da noch eine Taube am Himmel ihre Bahnen zieht. Spätestens dann bin ich enttäuscht von mir, weil ich noch immer mit dem Zwerg spiele, lasse alles los, und bin soweit, als wie zuvor. Um eine Enttäuschung leichter breche ich mir eher das Genick auf einer unendlichen Leiter, die vielleicht ins Nichts führt, als nochmals meine Gefühle zu fälschen, meine Sicht der Dinge, als nochmals Durchschnitte zu gehen, auf denen der, der im siebenten Himmel schwebt, leben kann, und der, der sich täuscht, nie glücklich sein wird.

Ausflug

Viele, viele Jahre habe ich in einem kleinen Ort gelebt. Umgeben von nicht mehr, als Natur und Emsigkeit. Dem dauernden Spiel zwischen Tag und Nacht, Aufwachen und Schlafengehen, durchbrochen mit einigen, an den Fingern einer Hand abzuzählenden Festen. Zum Wochenende hin einen Tropfen mehr als sonst genießend, an der einen oder anderen Rauferei Freude findend, um Sonntag im Büßerkleid Reue zu verspüren. Jeder war mit jedem bekannt, wusste um dessen Schwächen und Stärken, und sah zu, wenn starke Bäume aus ihren Wurzeln gerissen wurden von der Kraft des Todes. Mir schien dieser Ort die Welt zu sein, und doch ahnte ich, ja wusste ich, dass da etwas Fremdes, ein Fernes seinen Lauf nahm.

Mit den Jahren wird man erfahren, und neugierig, so man sich jungen Geist erhält. Und eines Frühlingstages war es dann soweit. Ich ging los, schritt fort von der gelebten Einigkeit und reiste mit atemberaubender Geschwindigkeit durch die Landschaften, hin zu einem großen Leuchten, voller Lärm und Menschen, Maschinen und Straßen, Lichtern rot und grün, und wie ein einziger Stein wirkend.

Ich war in der Stadt. Suchte und fand rasch Räumlichkeiten, lernte Menschen kennen, die sich meiner Freundschaft schneller annahmen, als ich mir deren Namen merken konnte. Begeistert heimste ich die vielen Möglichkeiten der Ablenkung ein. Besuchte Bühnen, trieb mich zu den spätesten Nachtzeiten in Lokalen rum, eroberte den Sinn des Seins oft zwischen zwei und vier und auf Bahnhöfen, die durchgehend geöffnet waren. Ich fand eine Wegbegleitung, die mich an die Hand nahm, und die meine staunenden Augen lächelnd betrachtete, um noch ein immer mehr an

Ereignissen zu präsentieren. Ich war ihr Mittelpunkt in diesen Augenblicken, weil der Spaß der Verführung ihr ins Gesicht geschrieben stand. Und sie kannte all die Orte, an denen der Überfluss der Zeit zwar nicht Religion, aber doch mindestens Philosophie war. Solange ich beeindruckt und neugierig, ja unschuldig unterwegs war, blieb sie eine treue, liebevolle Gefährtin. Mit den Monaten wurde mir das Spiel der Stadt verinnerlicht, und ich hatte es als Naturereignis in meinen Reigen der Erlebbarkeiten einsortiert. Nun wurde ich Bestandteil dessen, war nicht länger ein exotisches Extrem, das eingeführt oder herumgeführt wurde. Von da an veränderten sich die Verhältnisse, denn, da Bestandteil des Spiels, ließen Interesse abrupt nach, und mehr noch, war es Last, nur dem Spiel Freude zu entlocken, ohne Neues einzubringen. Es kam der Morgen, an dem ich aufwachte und die Unendlichkeit des Asphalts wahrnahm, der mich umgab. Ich erinnerte mich ans Gesprochene und fand mit länger dauerndem Suchen ein mehr an Phrasen, die nur dem Erhalt der Stadt dienten. Von nun an wurde ich immer misstrauischer beäugt, denn meine Kritik stand nicht nur in meinem Herzen, nein, ich hatte sie auch nach außen getragen, und war so für einige schlichtweg der Spielverderber. Wer mich bis dahin begleitet hatte, verschwand auf subtile Art, wurde zwar gesehen, war aber doch nicht mehr greifbar. Anfangs verwirrte mich das enorm.

Aber es ergab sich, dass ich eine Handvoll Menschen traf, die ähnlich wie ich, zwar im Stadtgebiet lebten, aber im Treiben nicht mehr den Tanz sahen, der sie einst faszinierend in die Metropole gelockt hatte. Wir stellten zusammen fest, dass es nur zwei Möglichkeiten gab: Dem Sumpf sich zu ergeben und fortan als ein Glitzern des Augenblicks am Himmel

der Oberflächlichkeiten zu scheinen, oder aber als
Gescheiterte in unseren eigenen Vierteln solange
Stumpfsinn zu tragen, bis der Tod uns erlöst.

Kaum war mir diese Realität bewusst, packte ich
meine Koffer. Diese Stadt war kein Ort, der des länge-
ren Verweilens mehr wert war. Und ich begann mich
zu sehnen, nach den Kastanien vor meinem Haus, der
Ruhe in meinem Geist und der Unverletzbarkeit mei-
ner Würde.

Es ist dieses Heimkommen in sich, das uns Demut
nicht nur fühlen oder spüren lässt, sondern zu dem
Begreifen führt, das Opfern dem Reifen der eigenen
Persönlichkeit voransteht.

Denn bei allem Reisen, Irren und Finden, jeder hat
nur eine Heimat, einen Hafen, einen Stern.

Schreibtisch

Der Schreibtisch, an dem ich arbeite, besteht aus einer
Holzplatte und zwei Böcken, die diese tragen. Ausge-
wogene Abstände garantieren Stabilität, dennoch
variiert die Distanz. Ich neige in Phasen der Unsicher-
heit dazu, die Böcke enger zu stellen und in Phasen
der Überschwänglichkeit dazu, das Maximum an Ferne
zu probieren. Nie will ich, dass mein auf diesem
Grund geschaffenes Werk in Tiefen fällt, ebenso wie
ich es verabscheue, dass es als Alibi dient für die ge-
träumten und dann verloren gegebenen Welten. Dieser
Platz ist wie ein Konglomerat meiner Süchte und
Bedenken. Ich kann dort in Starre verfallen und mei-
nen Blick auf etwas richten, das sich nicht bewegen
wird. Oder ich kann mich bewegen und etwas Schein-

totes zum Leben erwecken. Ich habe es in den Händen, oder besser gesagt, ich habe es in den Gespinsten, die ich mir erfinde. So treibt es mich mein Haupt unter diesen Tisch zu legen, während die Balance nur noch im Millimeterbereich zu messen ist. Angst und freudiges Erwarten ob des Zusammenbruchs sind unvergleichbar in ihrer Intensität, so wie das Übergewicht, welches aus dem entsteht, dass dies zu steuern weiß. Unerschütterlich der Glaube, dass selbst wenn die Böcke es nicht mehr wegen ihrer Entfernung tragen können, ich es wegen meines Willens halten kann. Ich halte also wie eine Schildkröte meine Welt auf einem Panzer, dessen Undurchdringbarkeit mich hindert zu sehen, was ich schleppe. Und je schwerer und älter die Last wird, desto mehr nimmt die Geschwindigkeit ab, mit der ich unterwegs bin. Nicht, dass eine hohe Schnelligkeit Gelingen garantiert, aber zum Stillstand hin tendierend ist es ein Tanz, der ohne Schritte auskommt. Was, wenn ich es drehe? Die Welt dreht sich und auf ihr balanciert eine auf dem Rücken liegende Schildkröte, die sich nun in einem Tempo bewegt, wie es das Durchdringbare der Momente vorgibt. Bin ich die Welt, liegt es an der Schildkröte, Gleichgewicht zu halten; bin ich das Tier, habe ich keinen Einfluss auf den Rhythmus.

Der Kosmos und die Schildkröte haben ja eines gemeinsam: die Beharrlichkeit. Gelingen ist dem gewiss, der allem Missfallen widerstrebt. Es kehren sich Misstöne in Wohlgefallen mit der Perspektive. Mein Schreibtisch hält auch ohne Böcke; das daraus resultierende Chaos ist nichts weiter als ein Beweis für die Kontinuität meiner intuitiven Ströme.

Während ich dies schreibe, stützen sich meine Hände auf jenes Holz, dessen Ursprung und Maserung mir

Weg war. Ich öffne die Augen und sehe den Schreib-
tisch, an dem ich arbeite.

Die einfachste und somit beste Erkenntnis für das
Gewöhnliche ist die des „Ich kann gar nicht anders".

Die Wolken verdecken den Mond

Die Wolken verdecken den Mond,
Und lassen Dunkelheit finsterer scheinen.
Der Rauch plündert mir die Sinne,
Und nichts kann ich mehr sehen.
Jeder Wert macht mich ärmer,
Und raubt alles Universum in mir.
Der Hass entsteht aus Liebe,
Die zügellos gestreut wird.
Lieder sind Eigensinn ohne Geltung,
Trage ich als Schild sie vor mich.
Erinnerungen werden Träume,
Mit dem Schließen meiner Inhalte.
Vor dem Entstehen meiner,
Steht das Fallen in mich.
Schuhe hemmen die Bewegung,
Und Flossen treiben zum Absturz.
An Sonne erfreuen,
Ist warmer, tödlicher Einhalt.
Schritte ohne Plan gehen,
Verhindert mir die Leinen.
Sprechen ohne Worte,
Kehrt mich nach innen.
Schlafen mit dem eigenen Geist,
Entbehrt der Kraft des Krieges.
Alle Atemzüge dringen ein und aus,

Nehmen Zeit und geben Nichts.
Wo mein Kopf auf Kissen ruht,
Blendet mich der Muskel Mut.
Wenn Speere mich nicht treffen,
Bin ich in keines Herrschers Heer.
Kommt Durst mit jedem Schluck,
Vergreif ich mich am Sinn.
Ist Ende mir ein Fremdes,
War schon der erste Schritt ein Übel.

Ein gutes Ziel rechtfertigt keinen schlechten Weg.

Echt

Manchmal bedarf es keiner Worte,
Und nichts geblickt.
Nur beieinander an einem Orte,
So einfach ist verrückt.

Wohl sich fühlen mit der Nähe,
Des vertrauten Andern.
Baumeln lassen Seele,
Innehalten bei allem Wandern.

Leinwand im Licht der Nacht,
Silhouetten da und nebenan.
Rechts vorne wird gelacht,
Zu spät war noch mal wann?

Schlendern über Stein, es staubt
Im Sucher einer Kamera.
Film der Kopie beraubt,
Stellt echtes Leben da.

Eine seltsame Stille legt sich auf mein Herz. Eine Stille, die ich längst schon in mir wähnte, aber deren Schwere mich plötzlich trägt. Es ist, als wenn Worte mich zum Schweigen bringen. Ich möchte meinen Blick nicht von den Zeilen lösen und muss doch bisweilen lassen, um nicht im Überfluss meiner Gedanken zu ertrinken, muss erst aus dem, was sich gerade in meinen Becher gefüllt hat, trinken, damit wieder Raum ist, oder anders, damit ich nicht entschwebe. Bisweilen blicke ich in ein Auge, das mich ansieht, und wie das meine scheint. Ich lese, und vergesse um mich das Geschehen; nicht weil ich gefesselt bin, sondern weil ich hineingezogen werde.

Der Alltag müsste schwer auf mir liegen und erledigt sich im Vorübergehen.

Vom Gehen und Hören

Es ist Samstagabend, ich bin in meiner Wohnung und höre das "Brandenburgische Konzert Nr. 3" von Johann Sebastian Bach. Ich besitze einige Aufnahmen, gespielt von verschiedenen Orchestern, und bis auf eine Ausnahme empfinde ich alle als zu schnell gewagt. Es ist ein unbekanntes slowakisches Orchester, das ein Tempo findet, was der damaligen Zeit angemessen ist und dem Stück die Würde verleiht, die in seiner Komposition verankert ist. Oft habe ich dieses Konzert gehört, das erste Mal in Gänze vor 37 Jahren, als ich zu einer für mich damals wichtigen Prüfung ging. Das Examen wurde bestanden, und so ist es mir ein Ritus geworden, vor wichtigen Momenten meines Lebens, so ich sie denn vorher als solche erkenne, diesem Werk zu lauschen. Insbesondere der erste Satz hat es mir angetan. Mich tragen mit einer solchen

Vehemenz die Streicherpartituren durch Zeit, Raum und meine Seele, wie ich es bei keiner anderen Musik empfinde. Die Ganzheit des Zusammenklanges spendet Trost und Sinn in dem Wissen, um die Vergänglichkeit der Dinge, Menschen und eines selbst, so wie sie mir den einzigen Kelch der Unsterblichkeit offenbaren. Und sind doch voller Fröhlichkeit, beinahe verschmitzt, aber offenbarend, dass der Moment es ist, den wir genießen, der uns gut tut, und dass es die Bereitwilligkeit zum Aufbrechen immer wieder ist, die uns führt und schließlich zur Ruhe kommen lässt. Kein Schweigen kann gebrochen werden ohne Musik; kein Reden ist überflüssiger beim Genuss gelungener Melodien. Immer wieder finde ich hin zu diesen Klängen, wenn es gilt aufzusperren, was in mir verschlossen war, sind sie mir Tatendrang und Ermunterung. Sie spielen in unendlichen Kombinationen mit einem Thema, variieren und finden sich doch in dem Akkord wieder, der mehr an Harmonie nicht zulässt, weil das eben Gehörte, Gefühlte nicht steigerbar ist. Wieder und wieder bauen sich neue, ungeahnte Kaskaden an Tönen vor dem Zuhörer auf, schier unbegreiflich und zusammenkommend in einem Fluss, der so urplötzlich ins Sein quillt, dass wir völlig überrascht vor dem Ende, der Leere und einem neuen Anfang stehen. Ich glaube an die Macht der Musik in wichtigen Augenblicken, oder anders gesagt: Bestimmte Zeiten haben ihren eigene Modulation, die uns trösten, lotsen, aber auch trauernd machen kann. Für wen immer Bach gleich Schwermut steht, dem möchte ich dieses Konzert aufs Herz legen, sodass es langsamer schlägt, und jeder Puls als ein Teil begriffen wird, der sich aller Wertigkeit entzieht, sondern gelebt sein soll und wohl auch muss, ist nicht der Flügelschlag gepaarter Vögel, sondern Gewissheit um das eigene Wesen Ziel. Wer

die Gipfel der Sequenzen nicht mehr zu durchstehen
glaubt, wird feststellen, dass es eine Leichtigkeit ist,
eine Welt zu verlieren, um einen Glauben zu gewin-
nen.

Es sind keine Tränen mehr in mir

Es sind keine Tränen mehr in mir,
Und ich weiß nicht, ist das gut oder schlecht.
Staub liegt auf meinem Herzen,
Und kein Blick geht vor oder zurück.
Meine Hände sind voll mit Leere,
Und tasten weder Sinn noch Namen.
Gläser, die ich hebe, splittern entzwei,
Und Trank fließt heut nur neben mir.
Ich stehe auf Füßen, die mir fremd sind,
Und kein Stand trotzt dem Rückenwind.
Nach der Vollendung kam der Abstieg,
Und treibt mich fort zu neuem Anlauf.
Bin zu alt zum Sterben, zu jung zum Bleiben,
Und alles, was ich tun kann, ist weitergehn.

Es trinkt sich aus

Es trinkt sich aus, das Leben,
Gefüllt mit Möglichkeiten,
Die wir in den Becher gießen.
Schmeckt so bitter oder süß,
Wie wir der Zunge Anarchie geben,
Nur verpflichtet dem eigenen Genuss.
Ziehen Rauch verbrannter Früchte,
Und hauchen aus Vergangenes,
Trotzen aller Eintracht Lüste.

Ganz oben thront der Atemzug,
Will überdauern alle Stetigkeit,
Verdaut der selten Welten Glück.

Wundervoll, wenn wir der Wunder voll,
Mit Charme dem Gegenüber gegenübertreten,
Weil im Verlieren so Gewinn sein soll.
„Nun ein weiterer Frühling.",
Denkt das Buch in uns,
Am Anfang aller Enden.
Es knirscht in mir nur Widerstand,
Wenn Sand ich ins Getriebe werfe,
Das meinen Hafen bringt an Land.

Gescheitert

Mein Fenster ist offen und eiskalte Luft tauscht sich mit der Wärme. Mich friert und ich muss erkennen, dass tausend liebe Worte nicht gutmachen, was ein böser Satz verschuldet. Dass all die Töne mit Wohlklang vergessen sind im Moment der Disharmonie; neun gesunde Zehen dem einen Erfrorenen nicht helfen können, die Welt zu verstehen. Dass meine Hände hilflos herabhängen, wenn zupacken Kraft erfordert, und alle Offenheit versinkt in einem Tag der Unwahrheit. Nichts zählt mehr, wenn die Finger dem Spiel sich widersetzten, das eben noch leicht im Körper klang. Von den Erinnerungen bleibt wohl zu wenig, um den Schmerz zu überwinden, der sich brennt in unseren Leib, von Schnitten, die wir tiefer wähnen, als das Siegen über den Verstand, der mit Intuition so weit geführt hat, dass wir erkennungslos uns hingeben könnten. Ich ziehe die Kapuze über meinen Kopf und möchte schwinden, aber die Sicht bleibt, sie trübt nicht, wie ich es wünschte, sondern schreit in meinen Ohren jenes Stück vom Verlorensein. Nicht tief genug dröhnt der Bass, um zu erklären, wie es in mir aussieht. Und das Klimpern der hohen Töne verhallt wie der Flügelschlag der Zugvögel, die in wärmeren Gefilden Zuflucht gefunden haben. Mir bleibt ein Taschentuch. Wohin? Dort, wo Ruhe sich beherrscht. Kein Tag und keine Nacht bleiben in Vergessenheit und doch rinnen sie mir in der Sanduhr nach unten und ich fasse nicht die leere Hälfte, die bleibt. Rauch vermischt sich mit frischer Luft und meine Lungen zerfallen zu Abfall einer Zwiespältigkeit, die ich präsentiere, aber nicht begreife. Geschaffen, Verworrenheit zu stiften? Nun Klappe zu. Es hilft sich nicht das Wort im Satz, im Ganzen führt der Text zum Sinn, zum Ursprung, ohne den wir nicht verstehen können, was am Gegenpol so unverständlich ist. Manchmal ändert ein Gedanke unsere Welt, manchmal ändert eine Welt unsere Gedanken.

Lichtung am Ende des Jahres

Meine Stiefel sanken mit jedem Schritt fingerbreit in den Schnee ein und hinterließen eine Spur, die den Anstieg zeichnete, wie den Lauf des immerwährenden Yin und Yang, mal rechts, mal links, der eine vorn, der andere hinten. Der Weg führte leicht bergauf, und er war gesäumt von scheinbar unendlich hohen Fichten, die die Last der weißen Pracht mühelos trugen. Und wurde es ihnen doch zu viel, schickten sie einfach eine Portion Schnee in die Tiefe, wippten kurz mit den befreiten Ästen und harrten dann weiter der Zeit, die hier irgendwie langsamer floss. Schlug so ein Batzen neben mir auf, vernahm ich ein dumpfes Aufprallen, voller Bass und gar nicht erschreckend.

Adventszeit war und hatte ich eben noch den Duft von Kastanien, Glühwein und Mandeln in der Nase gehabt, so war jetzt nur noch eiskalte Klarheit, die durch Mund und Nase in meine Lungen drang, um mich. Den Oberkörper leicht nach vorn gebeugt, tat ich Schritt für Schritt, die Hände in dicke Handschuhe gehüllt und den Gang nach Kräften unterstützend. Und obgleich ich diesen Weg nicht das erste Mal ging, wirkte er neuer als je zuvor. Ich wusste, das Ziel lag vorn. Ein kleiner Hügel, der im Sommer zum Liegen einlud, voller Büsche und blühender Pflanzen. Ein Dickicht der Natur in den tollsten Farben und mit den abenteuerlichsten Düften überdeckte mannshoch gewachsen in manchen Ecken alles, was im Grunde gesteckt war. Eine Erhebung, die im Winter dessen beraubt kahl und nackt zwischen den mächtigen Fichten weilte, an der man vorbeigegangen wäre, ohne sie mit einem Blick wahrzunehmen, wären da nicht die kleinen Dinge, die nun vom Gesträuch befreit ans Licht drängten. Die Tribut gezahlt hatten für die Hitze des Sommers und die heute im Eis Ernte waren für das vergangene Jahr, für die Wünsche und Sehnsüchte, mit denen es startete. Die den Zweifeln und Kümmernissen, die in diesem Jahr geflossen waren, Zeichen gaben und sie aufstellten für die Zeit der Weihnacht. Wie in jedem Jahr war ich gespannt, welche Dinge diesmal auf dem Hügel warteten. Es schneite in kleinen, feinen Flocken, die sich wie eine Wand vor mir auftaten, dazu wehte ein scharfer Wind mir Eisspitzen direkt in die Augen und Tränen wässerten mir die Aussicht. Verdrossen, beinahe wütend, stapfte ich zwischen den Bäumen die einzige Furche entlang, die blieb. Und als ich die Kälte nicht mehr zu ertragen schien, der Gedanke an Umkehr Besitz von meiner Seele ergriff, die Haut über meinen Wangen Rot und zum Reißen gespannt war, tat sich abseits der Rinne die Lichtung auf, die sich der Hügel bewahrt hatte. Ich betrat sie, und in ihr wehte plötzlich der Wind weniger streng, den etwas mageren Frost nahm ich fast als Wärme wahr. Da war ich nun wieder, umgeben von Baumstämmen, die ins Unendliche strebten und den Himmel über mir fast komplett verdeckten. Lichtstrahlen drangen vereinzelt durch Lücken und spielten ein bizarres Spiel, schöner, als es auf irgendwelchen Bühnen der Welt hergestellt werden könnte. Ich richtete mich auf, schüttelte den Schnee von Kleidung, Haupt, Gesicht und stand vor dem, was dieses Jahr hier gelassen hatte. Sah zwei Fahrräder, die an einem Baumstamm lehnten. Zwischen ihnen lag ein umgekippter Anhänger ohne Inhalt. Zwei Menschen mussten sie hier abgestellt haben, waren zusammen bis zu diesem Punkt gefahren, hatten sie im Sommer übermütig abgestellt, um dann die Fracht des Anhängers vor sich auszubreiten. Vielleicht eine Decke, etwas Speis und Trank, wohl wenig Glamouröses, nichts, was es lohnt, zu stehlen oder zu verstecken. Irgendetwas muss die beiden Menschen veranlasst haben, diesen Ort zu verlassen und das Mitgebrachte zurückzulassen.

Es wurde nun dunkler um mich und ich beschloss, den Rückweg anzutreten, nicht jedoch, ohne vorher an einem der Räder die Klingel abzumontieren. Ich wollte sie hier und da zum Klingen bringen, vielleicht gab es ja der Zufall, dass sie einer der beiden hörte, die einst mit diesen Rädern unterwegs waren, und ich würde dann der ganzen Geschichte lauschen. Der Geschichte, woher sie kamen, was sie taten und wohin sie gingen.

Frische Luft

Nur ich kann die Geschichte erzählen,
Von all der frischen Luft,
Die sich Tag für Nacht,
In meinen Lungen sammelt.
Ein Gedicht vom Ausgleich,
Der, wenn er sich im Zentrum einstellt,
Poet und Sänger sein kann,
Oder abseits ins Vakuum entweicht.
Auf jungen Jahren schwingend,
Baumelt Erinnerung mal so und fern,
Klopft an die Türen, die gestohlen sind,
Aus Häusern der Befürchtung.
Wieder zwingt sich Kälte,
In mein Denken und Können,
Lässt Generationen erstarren,
Die keinen Schritt zu weit mehr wagen.
Und immer nach Prüfungen,
Atmen wir Morgentau,
Wie neu, wie Sinn, wie den Schlag ins Gesicht.

Gefecht

Das Gesicht gen Himmel gehoben,
Vermischen Tränen sich mit Regen,
Und während Kriege in mir toben,
Sticht mich ins Herz dein Degen.

Die Möwe fliegt durch jede Lage,
Ganz ohne Denken nach Wieso,
Am Boden ich die Flinte trage,
Mit der ich sie vom Himmel hol.

Immer soll Beginn der Letzte sein,
Der Kugel zwischen meinen Augen sieht;
Und Reden von dem Sein und Schein,
Zerstaubt zu Glas, das mit mir flieht.

Schwer, sich ein Scheitern zu gestehen,
Wenn weit und breit kein Trumpf zu sehen ist,
Zu leicht, Verderbnis anzuflehen,
Die unseren Mund wie Judas küsst.

Keine Glocke schlägt des Ruders Zeit,
Kein Licht durchdringt mir meinen Nebel,
Einzig der Stich treibt mich in Abgeschiedenheit,
Und einzig Blut löst mir den alten Knebel.

Andacht

Im vierten Jahr nach meinem Tod,
Streift mich der Schweif der Auferstehung,
Versammelt um sich Wort für Wort,
In Predigt der Erlösung.
Kreuzt Wolken mit den Gestirnen,
Erhebt aus der Brust die Last,
Die mir Wanken war und Zürnen,
Vor der ich rannte voller Hast.
Lack blättert von den Wänden,
Und Nadeln stechen sich in Kork.
Am Grabe bleiben mir die Fremden,
Während Freunde feiern an geheimem Ort.
Ruhe ewig ist Vergangenheit,
Hand führt nun Stift und Tinte.
Nähe zu mir, unendlich weit,
Gibt Kraft, dass ich es zünde.

Und reiße die Altäre ein,
Auf denen Seiten alten.
Getauft erscheint das Becken klein,
Lässt blinden Glauben schnell erkalten.
Posaunen säumen meinen Weg,
Grad laut, dass ich sie höre.
Den Tauben füllen sie nie Zweck,
Wie Glocken, mit denen ich gern störe.

Jahreslicht

Eben kam der Sommer um die Ecke, erst zögerlich, dann mit großen Schritten. Nimmt mich gefangen, wie immer in den Jahren zuvor. Gibt mir das Gefühl, ich genieße mein Frühstück unter einer Sonne, die ihr Brennen langsam entfaltet, wie die Blüten des Baumes, der mir gegenüber immer weiter in den Himmel wächst. Ich sehe den Blättern beim Grünen zu und entdecke die Frische für mich. Immer wieder setze ich mich auf meinen Balkon und lausche dem Spiel, das mich vertrauter werden lässt, das mir Ruhe gibt. Freue mich im Einschlafen auf die ersten Geräusche des Morgens. In vielen Sprachen spricht der Tagesbeginn zu mir. Ausgestreckt treibt meine Seele mit offenen Armen den frischen Luftzügen entgegen und meine Lungen, die durch den Winter sich an Behäbigkeit gewöhnt haben, saugen auf, was sich in der Nacht erneuert hat. Als wenn eine Saite in mir angeschlagen wird, so entsteht der neue Tag. Meine Finger tasten über die Borke und entdecken Furche für Furche. Angenehm und saftig erscheint mir der Stamm, mit jedem Ansteigen der Temperatur füllt sich das Holz mit Kraft, mit Willen und mit Lehren, die mir kein Kartenspiel zeigen kann. Kleider, die mich gestern schützten, fallen von mir ab, geben Nacktheit zu, die sie verbargen. Ich lasse die Hände auf meine Haut sinken, und während alles Glatte unspürbar wird, entsteht ein Prickeln, ein Schauern, eine Neugier. Wärme dringt durch meine alten Strukturen, löst sie auf, als wäre Wachs geflossen, das zu Stein geworden ist. Nichts, von dem ich mich losreißen möchte, nichts, dem ich mich hingeben möchte, nichts, was zwischen aller Sehnsucht lagert, kann mir das Jahreslicht schalten. Der Sommer schreitet fort und ich habe das Gefühl seine Schritte werden größer. Die Kastanien reifen hin zu einer Form, die sie sprengen lässt. Bald fällt die Frucht und keine ist gleich. Sie trommeln aufs Dach und rufen. Der Sommer verschwindet dann hinter einem Winkel und es lugt der Herbst schelmisch mich an. Er ist ja ein alter Bekannter, den ich lieb gewonnen habe, der mir so manches Mal mein Herz wach getrommelt hat. Und so Gutfreund, wie wir sind, darf ich ihn ebenso dieses Jahr bitten, noch eine kleine Weile hinter dem Horizont der Welt zu lauern, die mich erwartet. Auch wenn sie wundervoll sein wird, mit Bögen voller Farben und Stürmen der Herzlichkeit. Wie jedes Jahr wird er milde lächeln, sich zurücknehmen und mich im rechten Moment wissen lassen, wann es an der Zeit ist, in den Mantel zu schlüpfen.

Träume machen unaufmerksam, und so kann es zu
Schnitten kommen, die tiefer sind, als wir glauben,
ertragen zu können.

Jeder Kompromiss ist eine Niederlage der Konse-
quenz. Quasi ein Aufweichen der Persönlichkeit. De
facto akzeptiere ich NICHTS außer meinem Nieder-
gang.

Wir wissen nicht, wohin unsere Schuhe rennen. Aber
wir wissen, wohin wir nicht wollen.

Ja, viele Züge besteigen wir auf unserer Reise. Und oft
schmerzt das Umsteigen, manchmal führt es zu Frus-
tration, manchmal auch zu Euphorie. Wir stehen auf
Gängen oder ergattern einen Sitzplatz, mit Blick aus
Fenstern oder in Abteilen mit zugezogenen Vorhän-
gen. Mal überhören wir die Durchsagen auf den
Bahnhöfen, mal steigen wir zu früh aus. Der Fahrplan
des Lebens ist von vornherein fertig ausgedruckt
nichts wert. Die Verkehrsmeldungen werden uns
immer wieder zu Improvisationen und Umleitungen
zwingen, so wir denn das Ziel immer noch erreichen
wollen. Aber aus dem letzten Zug, und wir spüren
diesen, wenn wir in ihm reisen, lenkt uns kein „Wei-
ter“, sondern das Ankommen mit wenig an Gepäck,
das wir noch mit uns führen und das an Gewicht eher
zugenommen hat, ohne Last zu sein. Es braucht Zeit,
es braucht Alter, um den Sinn des Wortes „Lösung“
zu fassen. Dem Körper wird’s alleine angetan, dem
Geist müssen wir es zufügen. Mit Bedacht unterwegs

sein heißt auch merken und sehen, ab wann keine
weitere Fahrkarte vonnöten ist, dass nun der Schrift-
zug „Endstation Sehnsucht" auf den Leuchtdioden
über der Führerkabine erscheint. Glück und Tod sind
denen gegeben, in Rausch wie in Ernüchterung, die
den finalen Teil der Reise erleben und genießen kön-
nen.

Messe

Inmitten der Galerie meiner Bilder,
Steht eine Skulptur aus Basalt,
Ehern und erstarrt,
Als Quintessenz der Frucht,
Die ich mir wünsche.

Vom Wert aller Gemälde,
Bleibt mir ein Füllhorn,
Das über mich Momente leerte,
Im Wuchern mir das Herz verzehrte,
Was ich mir gab.

Die Vernissage getrockneter Instinkte,
Gelistet bunt im Katalog,
Hebt Preise auf, die längst gezahlt,
In Währung, der kein Rechnen lohnt,
Wenn wir dann geh'n.

Ich schreite durch die hellen Gänge,
Finde rechts und links so vieles nett,
Und suche doch den kleinen Flur,
Den kein Besucher kennt.

Müde

Ja, ich bin müde, müde des Laufens und müde des
Stehens, müde der Versuchung und müde des Triebes,
müde des Erbrechens und müde der Träume, müde
des Redens und müde des Schweigens, bin müde der
Verleugnung und müde der Beschwichtigung, müde
des Glaubens, müde der Gelegenheiten, müde der
Vergleiche und müde jedes Wettkampfes, bin müde
des Tolerierens und müde des Versagens, müde aller
Entscheidungen, aller Hingabe, aller Mühen, und bin
des Vergessens müde, müde mancher Menschen und
müde eines Teils in mir, müde des Wartens, müde der
Hoffnung, müde der Erwartung und müde der Ent-
täuschung, müde der Verletzungen und müde der
Stürme, müde der Worte wie der Taten. Ja, all dessen
bin ich müde.

Natur

Zur Natur führen keine Straßen oder Kanäle. Sie ist in
ihrem natürlichen Wuchern geradezu ein Feind jegli-
cher Pfade, die wir modernen Menschen treten, schaf-
fen und baggern. Wo ein Strauch jahrelang um seine
Existenz kämpft und so manches an anderem Ge-
strüpp verdrängt, wo Wurzel gegen Wurzel um über-
lebensnotwendiges Wasser ringt, und dies seit Tausen-
den von Sommern und Wintern, da greift der Mensch
ein, um eine Welt zu schaffen, die er genießen kann.
Die sich ihm anpasst, oder besser, die er sich anpasst,
mit all den Maschinen, die immer perfekter werden,
und die er dann mit anderen Maschinen besucht,
durchstreift, wie ein Wohnzimmer, das er nach seinen
Wünschen eingerichtet hat. Dieses soll ordentlich und

bequem sein, vielleicht sogar praktisch, nützlich, und es gibt ja neuerdings auch eine Art Natur, die gewinnbringend für Geschäftsleute ist. Wellness ist so ein Begriff, der für das Konsumieren von Natur steht. In raffiniertesten Tempeln kann sich der gestresste Mensch gegen entsprechende Bezahlung der Illusion hingeben, er wäre mit der Natur für Momente eins, er lasse es sich gut gehen. Das stellt der Mensch ja sowieso seit Urgedenken über alles: dass es ihm gut geht. Welch klägliches, bescheidenes Zufriedensein füllt sich da auf. Immer mit dem Sinn eines Nutzenbringens. Und mit dem Benutzen der Natur als Dienstleistung der Schöpfung, die den Menschen zur Verfügung steht, weil wir als Krone glauben, Anspruch darauf zu haben. Wie wenig wissen wir noch von unserer Position im Ganzen, wie sehr treiben wir aus dem Universum des Einklanges, und wie wenig sind wir selber noch Natur. Da nehme ich mich als Erster aufs Korn. Meine fast panische Angst vor Spinnen oder anderem Getier in meiner unmittelbaren Umgebung ist ein eindeutiges Indiz für meine Entfremdung. Keine Illusion wird darüber hinweg täuschen, auch nicht die, dass es eine naturbelassene Wildnis gäbe, in der all dieses Getier nicht existent ist, weil es ja so am Eingang auf einem Schilde steht.

Wir glauben in der Natur zu sein, weil wir sie uns kaufen und verkaufen. In der jetzigen Epoche, mit all ihren technologischen Möglichkeiten und psychologischen Realitäten, ist jeder westliche Mensch unfähig, und ich sage dies bewusst und radikal, wirklich natürlich zu sein. Er will das auch gar nicht in dem Ausmaße, wie er es sich einredet, gerade in den Ruhezeiten. Nochmals, ich versage an der Inkonsequenz, nicht an der Erkenntnis, dass es so ist. Das Wissen darum, macht mich aber bereiter, der Natur die Gewalt zu

überlassen, die ihre ist, mehr als es jene sind, die mei-
nen, Natur spielt sich auf einer Bühne ab, zu deren
Theater Mensch Eintrittskarten lösen kann. Natur ist
kein Genuss, Natur ist Sterben und das Wissen darum,
Natur ist der Respekt vor der Autonomie des Wachs-
tums ohne Zügel. Eile in meinem Sein, Alltag, lässt
sich nicht wie Sommerreifen eines Automobils austau-
schen gegen die Stille, die ich benötige, um zu sehen,
dass ich stehen muss, um wahrzunehmen. Also, in
aller Bewegung, sei es eine Eisenbahnfahrt oder eine
Kahnpartie, sei es der Seelenweg von einem Lebens-
wendepunkt zum nächsten, werde ich nicht greifen
und begreifen können. Erst das Innehalten macht mir
Natürliches möglich. Es ist Bedingung und unlösbar
von der Einsamkeit.

Schmerz

Wenn Schmerz kommt,
wallt er einher mit Zweifel.
Und es sind die Verzweifelten,
die sich finden.
Denn wir entstehen mit Schmerz,
Und gehen dann mit Wonne.

Segeln

Als wenn auf einem Rücken plötzlich Segel wären,
Presst Druck Freisein letal an Wand,
Und alles Glück kann nicht erklären,
Was hinterm Weg liegt, unerkannt.

Starr steht der Mast und weit der Blick,
Nach vorne strebt, was auf den Bohlen ist,
Wer hier noch wählt, der bleibt zurück,
Versäumt Gott, Himmel und auch Teufelsfrist.

Wo Tau sich um das Gehen dreht,
Im Fallen Zweifel nichts erläutern,
Bin ich's, der auf dem Kopfe steht,
In dem die ausgesprochenen Welten scheitern.

Vom Hafen los zum Nirgendwo,
Ist Ziel ein Treffen nach dem Sinn,
Doch Wasser trägt, das ist nun so,
Nur wenn ich weiß, wo ich grad bin.

Spät

Mein Fenster ist offen und eiskalte Luft tauscht sich
mit der Wärme. Mich friert und ich muss erkennen,
dass tausend liebe Worte nicht gutmachen, was ein
böser Satz verschuldet. Dass all die Töne mit Einklang
vergessen sind im Moment der Disharmonie, neun
gesunde Zehen dem einen Erfrorenen nicht helfen
können, die Welt zu verstehen. Dass meine Hände
hilflos herabhängen, wenn zupacken Kraft erfordert,
und alle Offenheit versinkt in einem Tag der Unwahr-
heit. Nichts zählt mehr, wenn die Finger sich dem

Spiel widersetzen, das eben noch leicht im Körper klang. Von den Erinnerungen bleibt wohl zu wenig, um den Schmerz zu überwinden, der sich brennt in unseren Leib, von Schnitten, die wir tiefer wähnen, als das Siegen über den Verstand, der mit Intuition so weit geführt hat, dass wir erkennungslos uns hingeben können. Ich ziehe die Kapuze über meinen Kopf und möchte verschwinden, aber die Sicht bleibt, sie trübt nicht, wie ich es wünsche, sondern schreit in meinen Ohren ein Stück vom Verlorensein. Nicht tief genug dröhnt der Bass, um zu erklären, wie es in mir aussieht. Und das Klimpern der hohen Töne verhallt wie der Flügelschlag der Zugvögel, die in wärmeren Fluren Zuflucht gefunden haben. Mir bleibt ein Taschentuch. Wohin? Dort, wo Ruhe sich beherrscht. Kein Tag und keine Nacht bleiben in Vergessenheit und doch rinnen sie mir im Stundenglas nach unten, und ich fasse nicht die leere Hälfte, die bleibt. Rauch vermischt sich mit frischer Luft und meine Lungen zerfallen zu Staub einer Zwiespältigkeit, die ich präsentiere, aber nicht begreife. Geschaffen Verworrenheit zu stiften? Es hilft sich nicht das Wort im Satz, im Ganzen führt der Text zum Sinn, zum Ursprung, ohne den wir nicht verstehen können, was am Gegenüber so unverständlich ist. Es ändert ein Gedanke unsere Welt, es ändert eine Welt unsere Gedanken.

Spuren

In der ersten Begegnung ist die Gegend Neuland, etwas Jungfräuliches, ohne Makel, Schuld, Vergebung und Erwartung. Wie in einem Niemandsland bewegen wir uns und haben mit dem Entdecken genug zu tun, um dem Abstecken genüge zu sein. Die Überraschung

ist ein Effekt, der sich bald verbraucht und wenn der
beiden Welten nur auf dem baut, vergeht der Zauber
schnell, so man ihn überhaupt als Magisches definie-
ren möchte. Mit der Bereitschaft zum Niedersinken in
Polster, um aus geruhter Überlegung Positionen ein-
zunehmen, stelle ich mich dem, was sich mir unbe-
kannt gegenüber aufbaut. Und es beginnt Reiz, Spiel
und Vertraulichkeit, alles sagen zu können, ohne Filter
zu schalten, ohne vor dem Sagen das gesetzmäßige
Denken zu aktivieren, mit dem Zurücklehnen da sein,
wo man sich wohlfühlt und heimisch ist, um aus dem
Mund Worte zu werfen, die gemeint und ehrlich sind.
Und bei allem, was um mich geschieht, kann es nicht
verwundern, dass mein Weg nach innen führt und ich
mir Türen schließe. Von denen, die wir beschenkt
haben, bleibt nichts; von denen, die wir beraubt ha-
ben, erfahren wir Vergebung. Es ist die Größe eines
Wachstums, welche Gesundung einflößt, und es ist
das Schrumpfen der Blitze, das Orientierung gibt. So
wie das Reiben auf einer unantastbaren Oberfläche
sinnlos ist, so ist das Tauchen und Steigen in natürli-
chen Strukturen zugleich Substanz und Charakter. Ich
kann weder Reduktion noch Entfremdung einer Per-
sönlichkeit ertragen, der ich eine mein Leben prägende
Bedeutung zugeordnet hatte und die sich mir nun mit
dem Bild verlorener Wärme darstellt, als eine Funktion
innerhalb ihrer eigenen Welt.

Unterdrückung

Auch in der Ferne ist kein Licht zu sehn,
Und Tropfen, die wie Gutes dauern,
Lassen für Sekunden aufrecht stehn,
Doch stillen keinen Durst mit ihren Schauern.

Wenn neues Leben Altem weicht,
Die Angst gesunde Lust verdrängt,
Der Fall der Burg dem Feind in mir nicht reicht,
Frisst innen Kannibale, der an Illusionen hängt.

Jeder Biss schmerzt, wie er ist,
Als Ungeheuer einer Logik,
Die vom Folgern aus den Schlüssen Fahnen hisst,
Auf den Gesetzen reibender Mechanik.

Schritte werden Last und Leid,
Mit jedem Wiegen weicht Gewicht,
Der schwarze Mantel steht im Schrank bereit,
Doch noch sehe ich im Spiegel ein Gesicht.

Vom Anderssein

Wenn jemand anders ist, als man selber, kann das Faszination auslösen, oder Angst und Befremden. Oder beides? Wie weit gehen wir bezaubernd mit und wann wird das Anderssein als ein dunkler Raum erscheinen, in dem wir mit bisherigen Sinnen uns nicht mehr orientieren können? Wir haben die Möglichkeit blind vertrauend zu folgen, um kennenzulernen, dass der Gegensatz bereichert. Wir können aber auch erleben, dass wir dafür keinen Platz in uns finden. Diese Dualität hat ihre Berechtigung in unserer natürlichen

Zwiespältigkeit, so wie das Kalte nur durch Wärme als
kalt akzeptiert werden kann. Die Weisheit besteht
wohl im Geschehenlassen. Dem wir anhängen oder
widerstreben. Misslingen wird das Experiment Anpas-
sung zu versuchen. Weil eine Seite, egal welche, die
zwanghaft in Richtung der anderen bewegt wird, das
Gleichwicht zerstört.

Warum neigt der Mensch also in manchen Momen-
ten dazu zu zerren und zu ziehen an einem ausgewo-
genen Strang? Ist es die Unmöglichkeit, den Genuss
als etwas zu sehen, auf das wir Lebende ein Recht
haben? Sind wir dahin gehend konditioniert worden,
den Schweiß der Überwindung als erstrebenswertes
Gut anzusehen, folgt daraus ein Zweifel an allem
Wohlfühlen und eine Armut an inneren Werten. Es ist
wie das Schaffen einer Ebene, wo jede Erhebung und
Vertiefung ausgeglichen wurde, um Übersichtlichkeit
zu bilden.

Ich möchte das Anderssein wie eine Kristallkugel
betrachten, und das in einem Raum, zu dem kein
Außenstehender Zutritt hat. Dort kann die Reibung
Schmerz erzeugen oder Funken sprühen lassen. Uns
ein Universum verlassen und ein weiteres betreten
lassen. Doch wie weit sind die luftleeren Räume zwi-
schen den Universen, die wir durchqueren müssen,
wollen wir das angestrebte Ziel erreichen, dessen Sinn
wir als Erfüllung oder als Irrweg erst erkennen, sind
wir in ihm. Um dann festzustellen, egal welches Far-
benspiel, düster oder strahlend, das Anderssein in uns
entfacht hat, dass **wir** uns verändert haben.

Und immer wieder: Leben bewegt.
Ergo: Bewegung ist Lebendigkeit. Stillstand ist Tod.
Aber auch: Geschäftigkeit ist Verderben und Nichts-
tun ist Glück.

Warum

Warum mag ich am Sommer Regen,
Der nass und warm sich gießt,
Wenn brauchen ist auf allen Wegen,
Mehr Laufen als erreichtes Ziel?
Warum trifft Blick mich aus Ferne,
Wie ein Bekenntnis vierer Lippen,
Wenn Schmerz es ist, aus dem ich lerne,
Nur Dasein bricht dem Korb die Rippen?

Warum zieht Dunst mich in den Bann,
Der Luft in Lungen schnürt,
Wenn Suche fragt nach einem Wann,
Fürs Rätsel Lösung, das zum Ende führt?

Warum ertrinke ich in meinem Durst,
Mit Bechern voller Glück in rechter Hand,
Wenn linke Finger voller Lust,
Sich klammern an den Widerstand?
Warum wünscht Winter Innigkeit,
Im Frösteln nackter Haut,
Wenn aller Zeiten Leid,
Aus Feuers Flamme schaut?

Und warum schenkt der Schweigsame,
Den tauben Glocken reinsten Wein ein?

Wie tut es gut, diese eiskalte, frische Luft in die ver-
räucherten Lungen zu saugen. Sich dem frostigen
Wind auszusetzen und mit breiter Brust zu spüren, wie
ein Winterwetter an uns vorbeizieht. Wenn sich auf
der Haut Schuppen bilden, und wir uns an rauen
Stämmen reiben, damit sie desertieren, um im ange-

sammelten Staub des immer wiederkehrenden Alltags
zu einem Nichts zu zerfallen, dann können wir
schlicht zufrieden die Augen erheben. Wir beginnen
unsere Falten zu lieben, die wir verdient haben mit
dem Ringen zwischen erlebten, gehassten und ge-
träumten Tagen und Nächten. Mit jeder Jacke, die wir
über unsere Hülle streifen, entziehen wir der Sonne
Wärme, die uns ausruhen lässt. So blicken wir, wenn
denn nach oben, hin zum Mond, dem Synonym für
unlebbare Kälte. Und können doch bei seinem Regi-
ment niemals verdursten, anders, als wenn dauernde
Schönwetterfronten uns ein Bombardement an Tro-
ckenheit verschaffen, welches kein noch so hart gesot-
tener Verweigerer des dauernden Fließens überleben
wird. Nicht die so entfernten Strahlen geben uns In-
nigkeit, einzig das Zittern schafft Reibung und Liebe.
Auch die Zuneigung zum eigenen Wesen geht erst den
Weg der Leere.

Wohin gehst du?

Wohin gehst du, fragte der Vater.
Nach draußen, antwortete das Kind.
Dann pass gut auf dich auf, sagte der Vater.
Wie immer, dachte das Kind.
Bleib doch ein bisschen, bat der Vater.
Muss ich, fragte das Kind.
Mutter würde es wollen, flüsterte der Vater.
Wo ist denn Mutter, murmelte das Kind.
Mutter schläft, sagte der Vater.
Schon zu lange, weinte das Kind.
Sie kommt ja wieder, beruhigte der Vater.
Wieder in meine Welt, hoffte das Kind.
Ich gehe jetzt, sagte das Kind.

Nimm die Schlüssel mit, mahnte die Mutter.
Machst du mir nicht auf, fragte das Kind.
Vater schläft doch, streichelte die Mutter.
Immer trägst du Kleider für ihn, seufzte das Kind.
Nun geh mein Lieb, lachte die Mutter.
Kommst du mit, fragte das Kind.
Nicht jetzt, nicht jetzt, zischte die Mutter.
Und wenn ich weiter renne, dachte das Kind.
Und wenn es nicht wiederkommt, dachte die Mutter.
Und wenn ich sie nicht liebe, dachte der Vater.
Wohin gehst du, fragte sich das Kind.

Zirkus

Auch wenn in der Menagerie
nicht die Sensationen stattfanden,
die ich aufs Plakat vorm Eingang gemalt hatte,
es war den Eintritt wert.

Die Vorstellung ist vorbei,
der letzte Vorhang ist gefallen
und weiter zieht der Zirkus,
um andere in seinen Bann zu ziehen.

Ich nehme ein Lachen mit,
geschaffen vom Clown,
ein Staunen von den Fliegern am Trapez,
und auch ein wenig Abscheu,
vor langer Leine und Dressur.

Nun ist der Platz, wo gestern noch das Zelt stand,
leer und doch anders als zuvor.
Schön war's, für Weile nur ein Traum zu sein,
und wie gesagt, es war den Eintritt wert.

Hauchdünn ist die Seide zwischen Wirklichkeit und
Illusion, wie der Faden, an dem die Würde und so die
Geistesfreiheit hängt.